Narratori

MARE FUORI

Io sono Rosa Ricci

Tratto dalla sceneggiatura di
Maurizio Careddu e Luca Infascelli

Spin-off della serie *Mare Fuori*,
ideata da Cristiana Farina

SOLFERINO

Rai Com

SOLFERINO

www.solferinolibri.it

Adattamento testi di Angela Lombardo

ISBN 978-88-282-1821-0
Prima edizione: ottobre 2025

Io sono Rosa Ricci

PRIMA PARTE

L'ultimo tramonto da bambina

1

Rosa

È passato tanto tempo e sono successe un sacco di cose, eppure se ci ripenso mi pare ieri e mi ricordo ogni più piccolo particolare.

«Nun ce pozz' penza' che deve stare 'cca ancora così tanto!» così ho detto a papà, e la voce mi è uscita in uno spiffero, rotta, piena di Ciro. Mio fratello era l'altra metà del mio respiro, l'unico che mi capisce pure quando sto zitta, quello che m'ha sempre saputo leggere, anche quando tenevo il cuore chiuso a chiave.

"Fratemo sta là dentro e io qua… com'è possibile?" L'ho pensato, ma non l'avrei mai detto ad alta voce. Avevo paura che, detta davvero, la verità facesse ancora più male.

Papà mi ha stretto un po' di più, provando a fermare il dolore con le sue dita. Aveva il viso immobile, scolpito nella calma. Però io lo conosco troppo bene, e pure lui a me.

Intanto l'aria fresca dell'autunno mi pizzicava il naso. Il sale si mescolava all'odore di ruggine e ferro mentre il cancello dell'IPM si stava aprendo piano piano: il lamento di metallo che ha spaccato il silenzio del tramonto era un grido che qualcuno aveva tenuto in gola troppo a lungo. Il sole, lento e menefreghista, è scivolato verso il mare, facendo bruciare l'orizzonte proprio dietro alla massa enorme e grigia dell'istituto: era un mostro fermo lì, bello appaciato, che si godeva lo spettacolo. E io in effetti lo guardavo proprio come si può guardare un mostro da lontano: senza sfidarlo, ma senza distogliere gli occhi.

Sono una Ricci e lo so che non mi devo mai fidare di nessuno là dentro. E neppure qua fuori. Solo di mio padre.

Stavamo uscendo, io e lui, da quella fessura che si allargava nel ferro. Papà mi teneva forte, con il braccio attorno alle mie spalle; mi proteggeva da un mondo che era il nostro nemico, tutto quanto, tutti quanti. Pure il mare.

Avevamo appena salutato Ciro e io ancora non riuscivo a respirare bene. Adesso la sua assenza era una cosa più vicina, più vera, di quanto era stato il suo corpo pochi minuti prima. Mi sono stretta a papà. Le sue mani grandi mi sostenevano ma io dentro ero a pezzi, ed era sempre così tutte le volte che uscivo da là dentro. Mi sentivo crollare.

Quel giorno portavo dei jeans nuovi con i brillantini, una maglietta rosa e sopra una giacca corta color crema; ai piedi avevo degli stivali neri un po' grossi, che mi facevano sentire forte. E niente trucco. Niente faccia finta. Solo la mia. Ma comunque non bastava. I miei occhi dovevano ancora capire come si fa a diventare grandi, e invece avevano già visto pure troppo di che cos'è la vita in certi posti, tipo quel mostro da cui stavamo uscendo. Sentivo che erano gonfi di lacrime e mi bruciavano, però io non volevo cedere.

Fuori da quelle mura, all'improvviso tutto mi è sembrato enorme e fragile allo stesso tempo. Le barche nel mare davanti a noi, il cielo al tramonto che cambiava colore; le cose normali mi facevano paura. Solo le braccia di papà avevano un senso per me.

Non lo potevamo sapere né io né lui che quella sensazione era solo l'inizio.

«Fràtete è forte, Rosa. Nun t' 'o scurdà.» Lo ha detto per me. Ma forse anche per se stesso. E per un attimo mi è parso di vedere che i suoi occhi stavano tremando.

«Mi manca, papà» ho detto, alzando gli occhi che non riuscivano più a fingere. «Io nun ce pozz' sta' senza Ciro.»

Papà ha sospirato, guardando il mare che diventava d'argento. «Stamm' faccenn' 'e tutt' per farlo uscire.» Ha provato a suonare sicuro, ma le parole gli restavano appese alle labbra. Poi ha cambiato. Ha cercato di distrarmi. «Dai piccirè che stasera ci divertiamo. Andiamo a cena nella barca di un amico, ha una figlia che tiene l'età tua.»

Passare qualche ora spensierata con una della mia età, mangiare tutti insieme, divertirsi. Un'idea lontana, che mi ha fatto salire dentro qualche carezza di ricordo: quando ero piccola bastava poco per dimenticare. Una graffa, un bacio in fronte, la musica dalla radio, giocare con un'amichetta, rifugiarmi nelle braccia di mamma. Un sorriso mi ha sfiorato le labbra. Piccolo, trattenuto. Un segreto che non volevo confessare. Papà se n'è accorto. Mi ha sorriso pure lui, però con gli occhi spenti.

«Vedrai che tutto s'aggiusta» ha detto. E secondo me era più una preghiera che una promessa.

Siamo saliti sull'auto nera che ci stava aspettando. L'interno sapeva di pelle e fumo freddo. Mentre ci allontanavamo, ho guardato un'altra volta indietro. L'IPM si è preso l'ultima luce del giorno ed è iniziato a calare il buio, in mezzo tra noi e tutto quello che avevamo lasciato lì. Non potevo manco immaginarlo, allora, che quello che stavo guardando era un confine: da una parte c'era la bambina che piangeva per il fratello, dall'altra una ragazza che deve pensare e fare con la massima velocità. E non ci sarebbe stato più un viaggio di ritorno.

Quando siamo arrivati al Borgo Marinaro le luci ormai brillavano sull'acqua come stelle finte e gli yacht dondolavano lenti, enormi, bianchi. In confronto a loro io mi sono sentita leggera, ma nel senso sbagliato. Leggera tipo che se qualcuno mi spingeva forte potevo volare via in quel cielo più scuro, che se ne fregava di me e di tutti quanti.

Sono scesa dall'auto incontrando l'aria che di nuovo odorava di mare e benzina. Il vento mi portava i capelli in faccia, ma io pensavo solo a questa ragazza che stavo per incontrare.

Io sono una Ricci, e amici non ne ho. Gli amici sono l'unico lusso che la famiglia mia non si può permettere. Lo dice sempre papà: a chi comanda non gli servono gli amici, gli serve chi fa le cose fatte bene. Abbassando lo sguardo sulle mie scarpe mi sono domandata in che modo doveva essere vestita lei, questa ragazza che ci aspettava sulla barca di suo padre. Forse lei portava i tacchi? Qualche bel vestito lungo? "Sto bene così" mi sono detta, allungando il passo. Qualunque vestito bello o brutto poteva portare questa qua, io tanto l'avrei vista quella sera e poi basta. I Ricci non ne hanno e non ne vogliono, amici.

Nel frattempo ci è venuto incontro un uomo basso, con la giacca perfetta e il passo da soldatino, che ha salutato papà con rispetto.

«Benvenuto, Don Salvatore.»

«Carlos...» ha risposto papà.

Questo Carlos ci ha guidati lungo la banchina di legno umido, facendoci passare tra barche che sembravano palazzi galleggianti. Lucide, silenziose, immobili. Mi sono chiesta se lì dentro qualcuno stava ridendo, o magari invece morivano di noia e volevano andarsene via di là e scendere a terra.

Ci siamo fermati davanti a un grosso gommone, Carlos ci è salito sopra e mi ha teso la mano. Io avevo paura a fare quel passo sopra il mare, mi faceva schifo l'idea di cadere in quel mare sporco del porto, ma è bastato uno sguardo di papà per farmi ricordare che i Ricci non perdono tempo e non hanno paura. Mai. Ho allungato la gamba, guardando verso la barca che ci aspettava al largo, e sono saltata dentro.

2
Rosa

Il motore ruggiva piano mentre ci portava via dal molo e l'acqua nera ci passava sotto zitta e piatta, senza muoversi. Dietro di noi c'era Napoli, piena di luci piccoline tipo quelle di Natale; davanti c'era lo yacht, che diventava ogni minuto più grande e stava brillando sopra il mare: era una promessa, o forse invece una minaccia?

Non avevo mai visto una cosa del genere. Avevo visto le barche, certo. I motoscafi, quelle piccole da pesca, quelle parcheggiate lì al porto. Ma quello no. Questo era un palazzo sul mare. Tutto pieno di luci e di curve lisce, con i vetri neri e il ponte che sembrava una terrazza di un hotel di lusso. Mi immaginavo i corridoi morbidi, i tappeti, i camerieri in divisa. Un ristorante che si muove sull'acqua.

Mi salivano le lacrime agli occhi se pensavo a Ciro, là dentro, in quel posto dove di sicuro il cibo fa schifo e l'aria puzza di umido, di sudore, di gente che non si lava. Mentre io adesso mi dovevo sedere a tavola per una cena buonissima, con il mare che balla sotto e la gente che ride. Almeno così speravo. "Forse papà mi permetterà di bere un goccio di vino, se Angelica lo beve anche lei. Per fare figura. Chissà se a lei suo padre glielo permette" mi chiedevo.

Mi sono chiesta se ci avrebbero portato lo champagne. O magari l'aragosta, una di quelle rosse che si muovono ancora. "Chissà com'è, il sapore dell'aragosta" ho pensato. E subito dopo mi è venuto in mente Ciro che mangiava la pasta scotta dal piatto di plastica, quella che si incolla tutta insieme, e la forchetta si spezza quando affondi. Ho sentito una fitta, come se mi avevano dato un pugno. "Io qua, e lui là."

Questa Angelica chissà perché io me la immaginavo altissima, bella, con i capelli ricci e le tette grosse. Può essere che prima ancora di conoscerla io già nella mia testa la odiavo, Angelica. Angelica che gira con suo padre con quello yacht enorme e magari sta lì a lamentarsi per delle cavolate, mentre Ciro è costretto a starsene chiuso là dentro. E comunque, pure se mi dava fastidio, una parte di me invece sperava che questa qua fosse diversa. Magari era una che parlava poco e potevamo stare bene anche senza voler sapere troppi fatti miei.

Ce l'avrà avuto, un fidanzato? Uno di quelli affettuosi, innamorati, che ti porta a prendere il gelato, ti scrive i messaggini e ti fa la videochiamata tutte le sere prima di dormire? Ho guardato papà, seduto di fronte a me sul gommone che ormai era quasi arrivato alla barca, e mi sono sentita al sicuro. Che cosa le dovevo dire, se mi chiedeva di me? Io non ce l'avevo, il fidanzato. Non lo potevo avere. Papà dice sempre che sono in tanti a odiarci, perciò da quando Ciro stava all'IPM e non mi portava più fuori con lui e gli amici io non potevo fare più niente. Mi sorvegliavano giorno e notte. "Devo stare tranquilla" pensavo. "Chi se ne fotte del fidanzato. Tanto sono tutti uguali. Papà è 'o re di Napoli e a me non mi può toccare nessuno."

Sul ponte c'era un uomo con il sigaro tra le dita, un bicchiere nell'altra mano e i capelli neri lucidi lucidi. Troppo lucidi. Ci aspettava e sorrideva, ma pure questo sorriso a me mi sembrava un poco esagerato. Mentre gesticolava, ho notato che al mignolo portava un anello vistoso. Era un oggetto che metteva in soggezione, e mi ha fatto venire i brividi. Se avessi saputo allora cosa rappresentava quell'anello, quale patto di sangue e tradimento portava con sé, forse avrei trovato il coraggio di gettarmi in mare da sola, in quel momento.

Invece ho sorriso e sono rimasta ferma dov'ero. Dietro di lui c'erano due ombre, ma io le distinguevo benissimo: una guardia e una cameriera. Due facce che avrei imparato a conoscere.

«Salvatore! Por fin llegaste!» ha detto in spagnolo, con troppa allegria. Papà lo ha abbracciato. Si comportavano da amici, ma io lo so che mio papà amici non ne tiene.

«Agustìn. È un piacere» gli ha detto. «Lei è mia figlia Rosa.»

Mi ha guardata e mi ha rivolto la parola con un italiano lento.

«Come andiamo, Rosita? Ti piacciono le barche?»

Ho annuito appena. Non gli volevo parlare. Che domanda era? Per vantarsi che la sua era la più bella? O perché sapeva che io sopra uno yacht tipo quello non ci ero salita mai?

"Chist' è uno che ride troppo" pensavo. "Quindi sta pensando a qualcos'altro."

«Non vede l'ora di conoscere tua figlia» ha detto papà. Ma questa figlia dov'era? Non mi volevo fare notare che la cercavo con lo sguardo, allora guardavo a lui in faccia senza dire niente.

Carlos ha tradotto e Agustìn ha riso.

«E portala da lei allora, Carlos. La sta aspettando.» Poi, sempre ridendo: «Sai come sono i ragazzi: sta chiusa nella sua cabina tutto il giorno!».

Carlos si è voltato verso di me. «Vieni. Da questa parte.»

Mi sono girata verso papà. Lui mi ha fatto un cenno. E io sono andata.

3
Rosa

Carlos ha messo la mano sulla maniglia, che era lucida e dorata, e l'ha abbassata piano. La porta si è aperta senza fare rumore, scivolando sul tappeto morbido. Lui mi ha guardato un'ultima volta con quel sorriso da cameriere gentile, e mi ha fatto un cenno con la testa per farmi entrare.

«Angelica, è arrivata Rosa» ha detto, con la voce allegra.

Ho fatto un passo dentro, e poi un altro, con il cuore che mi batteva un po' strano. Camminavo piano, tipo quando entri in una stanza buia e non sai se ci sono i mobili o un gradino. Avevo quella sensazione là: che da un momento all'altro potevo sbattere contro qualcosa. O qualcuno.

"Adesso la vedo" pensavo. "Adesso vedo com'è questa Angelica."

La cabina era bellissima, ancora più lussuosa della mia immaginazione. Al centro c'era un letto enorme, che con tutti quei cuscini sembrava una nuvola bianca, e le lenzuola erano così perfette che pareva che non ci avesse dormito mai nessuno. Accanto, una finestra grande, tonda, che dava sul nero profondo del mare. Si vedeva solo il riflesso tremolante delle luci della barca sull'acqua. C'era un odore buono, di pulito e di profumo, di legno e di soldi.

E io là in mezzo con i miei jeans con i brillantini, che avevo comprato il giorno prima a Chiaia con Carmela. Lei mi aveva convinta, aveva detto che mi stavano bene, che erano giusti "per una come te". E in fondo io li avevo presi per farmi vedere carina da Ciro. Lui ci tiene, anche se fa finta di niente. Dice che devo camminare dritta, che "tengo 'a presenza". E io per una volta ci avevo creduto. Ma ora, in quella stanza lucida e perfetta, con le luci soffuse e il letto come quelli degli alberghi che si vedono nei film, ho pensato: "E se invece sembro una bambina?".

Era la prima volta che me lo chiedevo. Se ero vestita giusta. Se quella Angelica, quando mi avrebbe vista, mi avrebbe giudicata. "Forse dovevo mettere qualcos'altro" ho pensato, e subito mi sono odiata per averlo pensato. Era tutto troppo perfetto, troppo pulito, là dentro. Mi sembrava di entrare in una fotografia finta.

E io lì in mezzo, coi jeans pieni di brillantini e la voce stretta in gola.

Ma non c'era nessuno. La stanza era immobile. Silenziosa. Deserta. Angelica non era lì.

Mi sono fermata in mezzo alla stanza, sentendomi una stupida. Forse era in bagno? O magari stava arrivando? Ho guardato verso un'altra porta chiusa, chiedendomi chi e che cosa ci poteva essere là dentro. Dentro mi stavo preparando a dire qualcosa di intelligente, o almeno non troppo scema. Una frase qualsiasi, giusto per non sembrare quella che non ha mai avuto amiche, che non è abituata ad andare nelle barche della gente.

Poi ho sentito un clic leggero, quasi impercettibile. La porta della cabina si era chiusa alle mie spalle.

Mi sono girata di scatto verso Carlos. Era ancora lì, sulla soglia, ma non era più lui. Il sorriso era sparito. La sua faccia era diventata una maschera di pietra e al posto degli occhi aveva due pezzi di vetro, freddi, senza niente dentro. Mi stava fissando e lo sguardo non era quello gentile di prima. Ora era lo sguardo di un estraneo. Di un nemico.

Il mio cuore ha fatto un tuffo. Ho avuto la certezza, una di quelle che ti arrivano dritto nello stomaco: qualcosa stava per andare molto, molto storto.

Ho aperto la bocca per dire qualcosa, per chiedere, non lo so nemmeno io cosa. Forse solo: “Dov’è?”. Ma dalla mia bocca è uscito solo un suono strozzato.

«Ma che...»

4
Rosa

Non ho fatto in tempo a finire la frase. Lui mi è piombato addosso, veloce come un serpente, senza fare rumore. Una mano dura e secca mi ha tappato la bocca, così forte che mi ha fatto male ai denti, ha schiacciato le labbra e ha soffocato il grido che voleva uscire. L'altro braccio mi ha avvolta in una tenaglia d'acciaio, mi ha stretta, mi ha immobilizzata contro il suo corpo. Era piccolo ma forte, con la forza cattiva di chi non ha paura di fare male. Non riuscivo a muovermi, non riuscivo a respirare. Mi sono sentita un insetto intrappolato in un barattolo. Un rumore acuto mi rimbombava nelle orecchie: era il mio panico. Riuscivo solo a guardare i suoi occhi senza vita che mi fissavano.

Ho sentito il suo fiato caldo, che sapeva di fumo, sul mio orecchio, e le sue parole: un sussurro roco che era peggio di un urlo.

«Stai ferma o ti spezzo il collo, claro Rosita?»

Il terrore mi ha gelato il sangue. Di colpo ho smesso di muovermi, sono diventata di pietra pure io. Ho sentito le lacrime calde cominciare a scendere sulle sue dita, senza che potessi fare niente per fermarle. Ero di nuovo piccola, ma senza nessuno. Nessuno che potesse venirmi a prendere. Dov'era papà? Come potevo chiamarlo senza farmi scoprire da questo qua?

Lui ha allentato un poco la presa, solo un poco, e con la mano libera, quella che non mi teneva prigioniera, mi ha frugato nella tasca dei jeans. Veloce, esperto. Ha tirato fuori il mio cellulare.

Con un sorrisetto schifoso che gli ha storto le labbra. Ha fatto scorrere il pollice sullo schermo, l'ha spento, e se l'è messo in tasca.

E io l'ho guardato fare con gli occhi sbarrati. Praticamente mi aveva appena strappato via un pezzo di carne. Quel telefono era tutto per me. C'era il numero di papà. Di Ciro. Le foto, i messaggi vocali che non ho mai cancellato. Le note dove scrivevo le cose che non dicevo a nessuno. La musica che ascoltavo con il telefono nascosto sotto il cuscino quando non riuscivo a dormire. Avevo ancora le cuffiette in tasca, avvolte male, con un nodo mezzo sciolto. Le ho sentite contro il fianco, leggerissime. Ma adesso non servivano più a nulla. Il filo era spezzato, pure se era ancora tutto intero.

L'ultima luce di speranza, l'ultima connessione con papà, con il mondo, era sparita nel buio della sua giacca. Mi avevano spento la voce. Mo' non ero più niente e più nessuno.

In quel momento, ho capito. Non ero più un'ospite importante su una barca di lusso. Non ero più la figlia di Don Salvatore Ricci che doveva incontrare un'amica.

Ero una cosa sua, adesso. Una prigioniera. E nessuno, nemmeno papà che stava cenando a pochi metri da me, sapeva dove fossi finita. Ero un rumore spento. Una cosa messa da parte. Ho guardato fuori da quella finestra tonda e ho visto il cielo, che era tutto scuro ma da una parte aveva ancora una striscia viola e di arancione, sopra il nero del mare. Era bellissimo. Mia mamma, quando ero piccola, mi teneva in braccio sul balcone e mi diceva di contare tutti i colori del tramonto, però io non ci riuscivo mai, erano troppi.

Quando ho guardato quel pezzetto di cielo dalla cabina dello yacht ancora non lo sapevo. Non potevo saperlo: ma quello che stavo vedendo, aggrappata alla paura come una volta mi aggrappavo alle spalle di mia mamma, era l'ultimo tramonto della mia vita da bambina.

5
Don Salvatore

L'alcol faceva il suo lavoro. Il calore dello champagne e di quel cocktail particolare che mi aveva offerto Agustìn scioglieva i muscoli, alleggeriva la testa. Le tempie mi pulsavano piano, ci batteva dentro un tamburo coperto. Il tappeto sotto i piedi era più morbido del dovuto, quasi viscido. Attorno al tavolo, nel salone di quella barca esagerata, si rideva forte. Le facce dei boliviani erano maschere allegre, ma io lo so come funzionano queste cose: si beve, si mangia, si scherza, ma nessuno si dimentica mai chi è e perché sta lì. Il salone puzzava di fumo dolce e legno bagnato, luci calde riflettevano sui vetri e pareva che il mare stesso voleva stare a guardarci. Agustìn era seduto al mio fianco, tranquillo, con quel sorriso che non gli abbandonava mai la faccia e il sigaro che sembrava un'appendice del suo corpo.

«Il mare qui a Napoli è fantastico Salvatore, ma il cielo non è paragonabile al nostro» aveva detto nel suo italiano zoppicante.

Gli altri avevano annuito, dandogli ragione. Mi era venuto da ridere.

«Agustìn, chist' tutti paesani tuoi sono! Per questo ti danno ragione!» gli ho detto, scherzando. «Vuoi vedere che trovo uno che mi dà ragione a me?»

Era un gioco, una piccola dimostrazione di potere. Un modo per dire: "Vedi? I miei uomini sono miei fino alla morte". Ho sorriso ad Agustìn e ho fatto un cenno a Totò, la mia guardia del corpo, che se ne stava in un angolo, vigile e silenzioso come sempre.

«Totò. Vieni 'cca.»

Lui si è avvicinato subito, rispettoso. Era il migliore, Totò. Poche parole, occhi ovunque.

«Qual è 'a città cchiù bella do' munno?» gli ho chiesto.

«Che domande, Don Salvatò: Napoli, quale deve essere?» ha risposto lui, senza esitazione.

Tutti si sono messi a ridere, anche i boliviani, mentre Rosario, la cameriera, versava altro champagne.

Agustìn si è alzato, sollevando il suo calice.

«Alla nostra amicizia! E ai nostri affari!» ha gridato in spagnolo.

Abbiamo alzato tutti i bicchieri. "Affari" ho pensato. "Alla fine, è di questo che stiamo parlando." Ho bevuto, godendomi il sapore dolce del successo. La bollicina mi saliva in gola e sentivo il brindisi che mi vibrava nei denti. Ero soddisfatto, l'accordo era buono. Forse un po' troppo facile, ma buono.

Agustìn si è avvicinato a Totò, con il suo calice in mano.

«Bevi anche tu, amico!»

Totò, sempre professionale, non si è mosso.

«No grazie. Io non bevo.»

«Ah no?» ha fatto Agustìn. Gli ha messo una mano sulla spalla, con un'aria da padre buono. E lì ho sentito una nota stonata. Una corda tesa che si spezza, ma solo dentro l'orecchio. Qualcosa di sbagliato nel suo gesto, nel suo sorriso che si era fatto troppo largo.

È successo tutto in un secondo. Con un movimento rapidissimo, Agustìn ha spaccato il suo calice contro una parete. Il rumore del vetro ha rotto l'aria, tipo colpo d'arma. Il suono del cristallo ha gelato le risate. Prima che Totò, o chiunque di noi, potesse capire, Agustìn era addosso a lui. Con il moncone di vetro che gli era rimasto in mano, gli ha tagliato la gola.

Un taglio netto, profondo. Un fiotto di sangue scuro ha imbrattato il tappeto costoso e la divisa pulita di Rosario, che ha urlato.

«Nooo!» ho gridato io, scattando in piedi, ma era già troppo tardi.

Agustìn mi guardava con un sorriso sadico e il volto schizzato di rosso.

«Perdonami, Don Salvatore. Ma non mi piacciono quelli che non bevono alla mia tavola» ha detto.

Il silenzio è calato nella stanza, rotto solo dal gorgoglio orribile di Totò che si dibatteva a terra, in una pozza di sangue che si allargava a vista d'occhio.

È stato un attimo. Gli uomini di Agustìn, i pupazzi sorridenti di prima, si sono lanciati contro di me. L'istinto ha preso il sopravvento. Con la sinistra ho estratto la mia Beretta e ho sparato. Uno di loro è caduto, colpito in pieno. L'ho visto accasciarsi: un sacco svuotato. Con un balzo mi sono riparato dietro a una poltrona pesante, rovesciandola.

«Lascia la pistola» mi ha detto Agustìn, calmo, in italiano.

Ho provato a trovare una linea di tiro, ma un proiettile mi ha sibilato vicino all'orecchio, scheggiando il legno della poltrona. Erano troppi, erano ovunque.

Agustìn ha fatto cenno ai suoi di fermarsi. Non gli interessava più essere gentile. La sua voce, ora in spagnolo, era fredda, marmo di tomba.

«Il prossimo colpo t'ammazza.»

La rabbia mi soffocava.

«Che cazzo t'ha pigliat'? Agustìn si asciut' for' 'e capa!!!»

Lui mi ha guardato, beffardo. E finalmente ha messo le carte in tavola.

«Me tumbaste con esa última vuelta. Quiero mis cien palos!» Poi lo ha ripetuto in italiano, per essere sicuro che capissi bene. «Mi hai fregato, Salvatore. Voglio i miei cento milioni.»

La testa mi girava per l'alcol e la rabbia. Cento milioni. Stava mentendo.

«Io nun aggio futtut' a nisciuno! T'aggia dato chell' che m' 'e chiesto.»

«Io non ho ricevuto niente. Niente di niente» ha detto lui, con un sorriso che era un insulto.

In quel momento, ho capito. Non era una questione di soldi non arrivati. Era un agguato. Un piano studiato a tavolino per fregarmi. Quel bastardo mi aveva incastrato.

«Vieni fuori. Parliamo.»

E Rosa? Era al sicuro? Ho sentito un brivido freddo salirmi lungo la schiena. Se avevano fatto tutto questo per me, potevano colpire anche lei.

«M' 'e accirer'» ho risposto, il cuore che batteva all'impazzata. «Ma ti faccio fa' 'a stessa fine mia.» Ero pronto a morire. Meglio morto che umiliato. Dove cazzo era finita, Rosa?

Ma è stato allora che l'ho sentita. Una voce strozzata, disperata. La sua voce.

«Papà! Aiuto!»

Rosa.

6
Rosa

Non so per quanto tempo sono rimasta così, schiacciata contro Carlos, con il suo braccio che mi stringeva il collo e la sua mano che mi soffocava. Il mondo era diventato un ronzio indistinto, il mio panico e il suo respiro affannoso. Sentivo il suo fiato che mi bruciava sulla guancia. La sua pelle era ruvida, umida, e tremava appena. Io pure, pensando che mi stava tenendo lì, nascosta appena fuori dal salone. Ero un animale pronto per il macello.

Sentivo le voci di papà e di Agustìn, ma non capivo le parole. Sentivo solo il tono, prima normale, poi all'improvviso duro, cattivo. Poi gli spari.

A ogni colpo, il mio corpo sussultava. Carlos mi stringeva più forte, mi sussurrava all'orecchio parole in spagnolo che suonavano minacciose. "Lo ammazzano" pensavo. "Stanno ammazzando mio padre." Il terrore era una cosa viva, una bestia con gli artigli che mi scavava dentro lo stomaco. Dovevo fare qualcosa, qualsiasi cosa. Mi sentivo le gambe molli, il cuore in gola, ma ho cercato un grido nel fondo dei polmoni. Ho raccolto tutto il fiato che avevo in corpo e ho urlato, con tutta la forza che la paura non mi aveva ancora rubato.

«Papà! Aiuto!»

La mia voce è uscita strozzata, disperata. Non sembrava nemmeno la mia. In quel momento, Carlos mi ha strattonata e mi ha trascinata fuori, sul ponte, sotto le luci finte della barca. L'aria della notte mi ha schiaffeggiata in faccia. Il rumore del mare si mescolava al battito che mi pulsava nelle orecchie.

Ed è lì che l'ho visto. Papà. Era dietro a una poltrona rovesciata, con la pistola in mano, il viso sudato, la mascella serrata e gli occhi ridotti a due fessure piene di una rabbia che non gli avevo mai visto prima. Era un leone, ma un leone in gabbia. La luce gli tagliava la faccia a metà: una parte era fuoco, l'altra era ombra. Intorno a lui c'erano gli uomini di Agustìn, armati, pronti a finirlo.

Carlos mi ha spinto in avanti, usandomi per farsi scudo. Mi ha puntato la canna fredda della sua pistola contro la tempia. Il contatto del metallo sulla pelle mi ha fatto venire un brivido che mi ha attraversato tutta la schiena. Era come se mi stessero bucando la testa con un chiodo di ghiaccio. Ho visto lo sguardo di papà cambiare. La rabbia feroce nei suoi occhi si è spenta, sostituita da qualcos'altro. Qualcosa che non avevo mai visto: il terrore. Aveva paura per me.

«Rosa!» ha gridato.

«Pezzo di merda! Lasciala!» ha urlato a Carlos, ma la sua voce era rotta.

Agustìn, calmo, con il suo solito sorriso schifoso, gli ha parlato.

«Stai calmo. E vedrai che non si fa più male nessuno. Pistola a terra, forza.»

Papà mi ha guardato. I suoi occhi cercavano i miei, e in quello sguardo c'era tutto. C'era la sua forza, la sua disperazione, e una domanda. Ho visto la sua mano tremare per un istante. Poi, lentamente, ha ubbidito. È uscito dal suo riparo, ha lasciato cadere la pistola, che ha fatto un rumore sordo sul legno del ponte. Il rumore della sua resa. Il rumore della mia condanna.

7
Rosa

«Se le fate male, v'accid' a tutti quanti!» ha detto, con una voce che era un ringhio impotente.

Agustìn si è avvicinato a me. Carlos mi teneva sempre stretta. Ho sentito l'odore dolce e nauseante del sigaro di Agustìn. Mi ha guardato, ha sorriso e mi ha dato un buffetto sulla guancia, come se fossi una bambina o un cagnolino. Un gesto che era una violenza, un'umiliazione.

«Ti ridaremo Rosita più bella di prima» ha detto, con un tono sardonico. Mi è venuta voglia di sputargli in faccia, ma il terrore mi teneva inchiodata. Ero pietra. Ero fuoco sotto la pietra.

Poi tutto è successo in fretta. Agustìn ha fatto un cenno. Carlos mi ha strattonata e ha iniziato a trascinarmi via, lontano da papà. Due uomini hanno afferrato mio padre e lo hanno tirato nella direzione opposta, verso il bordo della barca. Ho provato a divincolarmi, a urlare, ma la presa di Carlos era di ferro.

I nostri sguardi si sono incrociati un'ultima volta. Gli occhi di papà erano fissi nei miei, e in quel momento, mentre lo portavano via, mi ha detto le parole che mi sarebbero rimaste dentro per sempre, l'unica cosa a cui mi sarei aggrappata nel buio.

«Ce la farai, piccirè. Nun t' scurdà che si 'na Ricci.»

"Sono una Ricci" ho pensato. "Sono una Ricci." Me lo ripetevo mentre Carlos mi portava via. Poi ho visto gli uomini spingere papà. L'ho visto perdere l'equilibrio, cadere all'indietro, sparire nel nero del mare.

Dalla gola mi è uscito un urlo che non sapevo di avere: un suono disumano, pieno di tutto il mio terrore e la mia rabbia. Ho visto Agustìn afferrare un giubbotto salvagente e lanciarlo nell'acqua, quasi con noncuranza. Un gesto che non capivo. Voleva salvarlo? O voleva solo prolungare la sua agonia?

Lo yacht ha acceso i motori, il rumore era assordante. La barca ha iniziato a muoversi, a prendere velocità, allontanandosi da quel punto in mezzo al mare dove mio padre era scomparso. Le luci della costa sprofondavano, mentre il mare si apriva davanti a noi, nero, indifferente. Io continuavo a urlare, a piangere, a dibattermi, finché la voce non mi è mancata. Le mie urla sono diventate un lamento, una cantilena disperata, mentre la figura di mio padre, se c'era ancora, diventava un puntino invisibile e poi niente. Solo mare. E il mio nome, che mi rimbombava in testa.

"Sono una Ricci" mi ripetevo. Ma in quel momento non sapevo più cosa volesse dire. Sapevo solo che ero sola. Mi sono abbracciata con le mani, stretta stretta, pensando che forse così potevo evitare di scomparire.

Poi, quando mi hanno infilato una cosa sopra la testa, sono scomparsa veramente, e insieme a me tutto il mondo intorno.

SECONDA PARTE

Un fiore sulle rocce

8
Rosa

Non so per quante ore sono rimasta chiusa in quella cabina. All'inizio mi era sembrata quasi più bella della mia stanza a Napoli, con i cuscini morbidi, il profumo buono e tutto quel silenzio. Ma ora, con quella paura addosso, ogni cosa era diventata troppo strana. Il copriletto lo sentivo ghiacciato, i miei pensieri rimbalzavano sulle pareti che si facevano sempre più strette. Il lusso non serve a niente, se sei sola e stai morendo di paura.

Solo dopo, solo molto dopo, avrei capito che quella stanza era stata la mia prima vera prigione: quello che sapevo in quei momenti è che il tempo si era fermato, si era sciolto nel rumore costante del motore dello yacht che navigava senza sosta. Ogni vibrazione mi sbatteva addosso, forse era il mare stesso che voleva cancellarmi. Ogni tanto mi avvicinavo all'oblò, ma fuori c'era solo mare. Grigio, impetuoso, enorme. Non era più il mare di Napoli, quello che conoscevo. Questo era un mare straniero, un nemico che mi stava portando via. Il suo odore, la sua voce, erano cambiati. Non parlava più la mia lingua. Mi sembrava di sentire ancora le urla di papà e le mie. Ogni tanto provavo a battere i pugni sulla porta.

«Dov'è mio padre?» gridavo, con la voce roca. «Voglio sapere dov'è mio padre!»

Nessuno rispondeva. Mi portavano solo un vassoio con del cibo che io non toccavo. Il sapore del tradimento di Agustìn era troppo amaro, mi aveva riempito lo stomaco. E ogni boccone sarebbe stato un'infamità verso chi non sapevo se era ancora vivo.

Poi, una mattina, non so quale, il rumore del motore è cambiato. Rallentava. Mi sono alzata di scatto, con il cuore che mi batteva forte in gola. "Forse siamo arrivati" ho pensato. "Forse adesso mi dicono qualcosa." Ma non è andata così.

La porta della cabina non si è aperta, si è spalancata con un colpo secco. Un uomo che non avevo mai visto prima, uno degli scagnozzi di Agustìn, mi è piombato addosso. Non ho avuto nemmeno il tempo di urlare. Mi ha afferrata con una forza brutale e, prima che potessi reagire, mi ha infilato di nuovo un sacco di tela ruvida in testa, facendomi piombare nel buio più totale.

L'odore di polvere e di chiuso mi ha riempito i polmoni. Ho provato a divincolarmi, ma era inutile. L'uomo mi ha sollevata e mi ha caricata su una spalla come fossi un sacco di patate, un pacco postale. Sentivo i miei piedi che dondolavano nel vuoto, la mia testa che sbatteva contro la sua schiena a ogni passo. Ho sentito il rumore dei suoi passi sul ponte della barca, poi su qualcosa di più piccolo, che dondolava. Un barchino. Sentivo le voci degli altri, parlavano in spagnolo, una lingua che facevo fatica a capire, parole dure, veloci, che mi sembravano insulti. Ogni parola mi graffiava le orecchie, ogni scossone mi dava la nausea.

«Dove mi state portando?!» ho gridato da dentro il sacco, ma la mia voce era un suono soffocato, inutile. Il motore del barchino si è avviato, e ho sentito l'acqua che schizzava, il vento freddo che passava attraverso la tela. Ero cieca, sorda, muta. Ero solo un corpo che veniva trasportato, non ero più una persona. Non ero più Rosa. Non lo sapevo più nemmeno io, in che direzione mi batteva il cuore.

9
Rosa

Dopo un tempo apparentemente infinito, il barchino si è fermato. Mi hanno tirata su di nuovo, passata da un paio di braccia a un altro. Mi hanno gettata dentro una macchina, sul sedile posteriore. Sentivo il rumore delle portiere che si chiudevano, poi le ruote che si muovevano su una strada non asfaltata, piena di sassi. Venivo sballottata a destra e a sinistra, senza poter vedere niente, senza capire dove stessimo andando. Mi pizzicavano gli occhi, ma non capivo se era per il buio o per la rabbia.

Poi la macchina si è fermata. La portiera si è aperta, mi hanno tirata fuori con la stessa brutalità di prima. Finalmente, mi hanno strappato il sacco dalla testa.

La luce del giorno mi ha accecata per un attimo. Ho sbattuto le palpebre, cercando di mettere a fuoco il mondo. E quello che ho visto mi ha fatto gelare il sangue ancora di più. Eravamo in un posto isolato, in cima a una scogliera. Davanti a me c'era un cancello robusto, alto, con una rete fitta ai lati, tipo quella delle caserme o del campetto dove giocava Ciro all'IPM. Dietro il cancello, un vecchio faro si stagliava contro il cielo grigio, e accanto c'erano una rimessa di cemento e un magazzino squadrato. Era una prigione. Una prigione a cielo aperto. L'aria era pesante, sapeva di sale e ruggine. Il vento urlava tra le rocce come se volesse avvisarmi: "Non provare a scappare, se no finisce male".

E poi li ho visti. I miei carcerieri. Erano due ragazzi, poco più grandi di me. Uno, quello bruno, mi ha guardato con un'espressione quasi gentile, quasi di pena. L'altro, quello con i capelli tinti biondi, mi ha squadrata dall'alto in basso con uno sguardo feroce, da predatore, e teneva un fucile in mano.

Agustìn era lì. Ha sorriso, indicandomi: ero il suo trofeo.

Istintivamente ho fatto un passo indietro, ma lui mi ha afferrata per un braccio e mi ha spinta verso di loro. Ho provato a liberarmi.

«Lasciami!»

Agustìn ha ordinato in spagnolo qualcosa che sembrava un ordine a mettermi da qualche parte per farmi calmare.

Quello che gli altri chiamavano Gabriel mi ha fatto un cenno con la mano.

«Di qua.»

Ho esitato. Ho guardato un'ultima volta verso Agustìn, cercando di trovare un briciolo di umanità nei suoi occhi.

«Voglio sapere come sta mio padre.»

È stato l'altro a rispondermi, quello biondo, senza nemmeno guardarmi. Ancora non sapevo neanche il suo nome. Mi ha messo una mano sulla schiena e mi ha spinta con forza verso il faro.

«Adelante.»

Sono entrata in quella che sarebbe diventata la mia cella. Dentro c'era solo una branda appoggiata al muro, un secchio in un angolo e una finestrella stretta che dava sul mare. Loro due sono usciti, ho sentito la porta chiudersi e il rumore della serratura che scattava.

Ero di nuovo sola, come sulla nave. Però questa volta era diverso. Questa volta sapevo esattamente dov'ero. All'inferno. E qui nessuno mi poteva venire a cercare. Come poteva riuscire mio padre ad arrivare da me? Mi sono appoggiata con le spalle al muro freddo e mi sono lasciata scivolare per terra. Ho nascosto la testa tra le ginocchia, pensando a mio fratello Ciro che avrebbe fatto di tutto per aiutarmi, e invece non poteva fare niente; e a quel punto mi sono arresa alla disperazione più totale che avessi mai provato in vita mia.

10
Agustìn

A volte la sento ancora, quella vita. Il calore del sole che si rifletteva sull'acqua della piscina, l'odore del sale mischiato a quello del cloro. E la vista. La vista dalla mia villa era una cosa che ti entrava nelle ossa. Il mare si stendeva sotto la scogliera, potente, infinito.

Solo chi è cresciuto come me, in una casa dove i muri sapevano di muffa e il futuro di niente, lo può capire. Il vero potere non era solo possedere tutto quello, era svegliarsi ogni mattina con la certezza che nessuno te lo avrebbe portato via. E io quella certezza l'avevo. Ogni mattina scendevo e guardavo con orgoglio il sole che si rifletteva sull'acqua con la stessa precisione che avrebbe avuto se mi fossi comprato pure quello. Le onde, le pietre, il vento: tutto obbediva.

Tutto, tranne gli stupidi. O i vecchi dinosauri del calibro di Salvatore Ricci.

Mi capitava spesso, in quei giorni felici, di ricordare l'odore di terra bagnata e di miseria della mia infanzia. Quando ero bambino mio padre diceva sempre che il mondo si divideva in due: i vaccari e il bestiame. Quelli che spingono e quelli che vengono spinti. E io avevo giurato a me stesso che non sarei mai stato una bestia. Credevo di aver imparato la lezione. Credevo di averli tutti nel mio recinto, pronti per essere marchiati: l'orgoglio di un vecchio boss come Salvatore, la paura di una ragazzina viziata, l'avidità di Victor e Gabriel, due cani affamati. Correvano tutti dove li spingevo io.

Cento milioni. E Napoli. Quello era il prezzo che doveva pagare per avermi mancato di rispetto. Ma il tempo, lo sapevo, era un animale selvaggio. Ogni giorno che passava era un rischio.

Ricordo perfettamente come mi sentivo quel giorno, a bordo piscina. Tutto quello che vedevo intorno mi apparteneva, era mio. E quella non era una parola, «mio». Era una religione, era lo scopo stesso della mia esistenza. Anche gli uomini erano un mio possedimento, e andavano gestiti. Moreno, silenzioso e affidabile, non mi preoccupava. Ma i due che stavano salendo dal faro, i miei cuccioli di lupo... loro sì. Victor e Gabriel. Avevano la fame negli occhi, la stessa che avevo avuto io. Però non avevano la mia pazienza, né la mia cattiveria. La loro lealtà era un filo sottile, tenuto insieme solo dalla paura di me.

Li ho sentiti arrivare dal silenzio impacciato che precedeva i loro passi. Quando sono uscito dal salone, indossavo il kimono che mi ero fatto arrivare dal Giappone e avevo un cocktail già in mano. Li ho lasciati aspettare in piedi, sotto il sole, mentre mi godevo la vista. Dovevano capire la distanza tra me e loro. Tra il re e i suoi soldati.

«Questa è la vostra occasione, ragazzi» ho detto, all'inizio senza nemmeno guardarli. La mia voce era calma, come quella di un padre che sta per rivelare un grande segreto. Li ho visti scambiarsi un'occhiata, confusi. Perfetto.

«Napoli è l'affare che vorrebbero fare tutti» ho continuato, guardandoli finalmente. «Ma lo farò io.» Sui loro visi ho visto accendersi una luce. L'avidità. La speranza. L'esca giusta.

«Carlos sta già reclutando persone da infiltrare nelle piazze. Ripuliamo per bene Don Salvatore, poi ci prendiamo il clan dei Ricci.» Ho fatto una pausa, per lasciare che quelle parole affondassero in loro come proiettili. «Comportatevi bene e vi ci mando pure a voi. Non è quello che volevate?» ho chiesto, con il tono di chi gli stesse offrendo il mondo intero.

«Grazie Agustìn» ha balbettato Victor, il lupo che cercava di scodinzolare.

Ho finito il mio cocktail con un grande sorso e l'ho posato sul bordo della piscina. Poi li ho guardati, serio. La carota era stata offerta, ora serviva il bastone. «Fatemi vedere che siete pronti» ho detto, il tono che si era fatto di ghiaccio. «Altrimenti vi lascio qui a pulire i cessi per tutta la vita.»

Senza aspettare una risposta, mi sono tuffato. L'acqua fredda mi ha avvolto, un abbraccio rinfrescante. Sono riemerso, tranquillo, al centro della piscina. Loro erano ancora lì, immobili, che mi guardavano. Ho visto i loro sguardi incrociarsi. Non era più solo paura, ora. Era complicità. Li avevo in pugno.

O almeno così credevo.

11
Rosa

Quanti giorni erano passati da quando avevo salutato Ciro nell'IPM? Il tempo, lì dentro, non esisteva. Era solo una palla di buio e di luce che rotolava, sempre uguale. Il sole spuntava su quel mare infame e la notte si mangiava l'orizzonte. E io là, ferma, sempre nello stesso punto, con le spalle contro il muro freddo del faro. A volte chiudevo gli occhi e immaginavo la mia stanza a casa, lo specchio illuminato, il profumo del mio cuscino, la voce di Ciro in salotto. Ma quando li riaprivo, intorno a me c'erano solo cielo e mare.

Non avevo toccato il cibo che mi avevano portato. Era l'unica cosa che potevo decidere: di non mangiare. Era il mio modo di protestare, di dire che non ero un animale da nutrire. Era il mio modo di rimanere aggrappata a papà. Se mangiavo, era un modo di accettare quella vita. E io non la accettavo. "Finché non so dov'è," pensavo "io non mangio."

La porta si è aperta. Erano di nuovo loro, Victor e Gabriel. Ora sapevo che quello alto e biondo, con muscoli da lavoro e occhi che non sorridevano mai, si chiamava Victor. L'altro, più ordinato, sempre un passo indietro, sempre vestito in un certo modo, con le camicie che sarebbero piaciute ai miei fratelli, era Gabriel. Victor è entrato per primo, senza guardarmi. Aveva in mano due taniche di plastica piene d'acqua, le ha appoggiate per terra in un angolo come se stesse dando da bere a un cane. Non ha detto una parola. La sua faccia era una maschera di indifferenza, come se io non esistessi. I suoi occhi erano due pietre, lucidi ma spenti. Mi facevano paura più delle sue mani.

Dietro di lui c'era Gabriel. Portava un vassoio con un piatto di riso e fagioli. L'odore mi è arrivato al naso e lo stomaco mi si è stretto per la fame, ma ho resistito. L'ho guardato male, con tutta la rabbia che avevo. Lui ha abbassato gli occhi, quasi in imbarazzo. Sembrava dispiaciuto.

«Cibo» ha detto, in quello spagnolo che cercava di essere italiano. Ha posato il vassoio su un tavolino di ferro arrugginito ed è rimasto lì, in attesa, come se si aspettasse che dicessi grazie.

Ho girato la testa dall'altra parte.

«Non ho fame.»

Victor ha sbuffato, spazientito. Voltandomi solo un pochino senza farmi accorgere, ho visto che invece Gabriel mi stava guardando con pietà: una pietà che non volevo. Si è tolto una sacca che portava in spalla tipo zaino e l'ha aperta.

«Come ti chiami?» mi ha chiesto, piano.

«Rosa.»

«Rosa. Io sono Gabriel» ha detto. Certo, perché già non lo sapevo? «Qua ci sono dei vestiti puliti.»

Ha tirato fuori dalla sacca una maglietta e un paio di pantaloni, li ha piegati e li ha messi sul letto. Appena li ho visti mi sono sentita male. Una maglietta grigia, rovinata, e un paio di pantaloni da maschio, larghi, di una tela ruvida che già sapevo mi avrebbe grattato la pelle. Erano una schifezza. Non c'entrava niente con le belle cose che mi andavo a comprare nelle boutique di Chiaia con Carmela, pagando con le mazzette da cinquecento euro che papà mi infilava nella borsa dicendomi: «A te non ti deve mancare niente». Quelle cose lì, qui, non esistevano.

Ho abbassato lo sguardo sui miei jeans che adesso erano sporchi di terra, macchiati, stropicciati. I brillantini sembravano ridicoli in quella cella umida, quasi una presa in giro, ma togliermeli sarebbe stato come strapparmi di dosso l'ultima traccia della ragazza che ero prima. Poi ho guardato le cose che mi aveva dato lui. Sapevano di chiuso, di un altro corpo. Indossare quei vestiti significava accettare di essere una prigioniera, di non essere più io, Rosa Ricci; solo una cosa senza nome da tenere chiusa lì dentro. Ma a me non me ne importava proprio. Prima o poi me li sarei messi, ma oggi ancora no.

Tanto per chi è che mi dovevo fare carina, per questi due?

12
Rosa

Con lo stesso tono con cui uno può dare istruzioni a una bambina, mi ha fatto capire che in bagno avevano messo l'acqua ma che la doccia la dovevo fare fuori, perché dentro non c'era. "Lo so che non c'è la doccia, non sono scema" ho pensato, ma sono rimasta zitta.

«Mangia, mi raccomando» ha insistito lui.

Dalla porta, con la voce dura, l'altro gli ha detto di muoversi.

Gabriel mi ha dato un ultimo sguardo, poi è uscito. Mentre la porta si chiudeva, ho chiesto, senza riuscire a trattenermi: «Non chiudi la porta?».

Era una domanda stupida, ma speravo mi dessero l'illusione di non essere in una cella. Gabriel si è fermato sulla soglia.

«Non c'è bisogno. Qui non c'è via di fuga, Rosa.»

E se n'è andato.

La notte è passata lenta, piena di rumori. Il vento che fischiava, il mare che sbatteva contro le rocce. Non ho dormito. Ho pensato a Ciro. A papà. Mi chiedevo se era ancora vivo, se stava bene, se mi stava cercando. La fame mi dava i crampi, ma il dolore per loro era più forte. Avevo paura che ogni ora in più qui fosse un pezzo di me che spariva. Mi sono morsa il polso per non piangere a voce alta.

La mattina dopo, la porta si è aperta di nuovo. Era solo Gabriel. Ha visto il vassoio del giorno prima, ancora intatto. Mi ha guardato. Io ero seduta per terra, debole, distrutta. Stavo giocando con due elastici che avevo trovato nella tasca dei jeans, li facevo girare tra le dita per non impazzire. Era un gioco stupido che facevo da piccola.

Lui si è piegato sulle ginocchia davanti a me.

«Allora? Che facciamo? Vuoi morire?»

«Può essere» ho risposto, senza guardarlo.

«Sei troppo giovane per morire.»

Ha sollevato un thermos.

«Ti ho portato pure il caffè italiano. L'ho trovato in paese. È ancora caldo.»

L'odore del caffè mi ha svegliata un po'. Ma non ho ceduto. Ho scosso la testa.

«Io non mangio finché non mi dite come sta mio padre.»

È stata la prima volta che ho visto una specie di emozione nei suoi occhi. Ha esitato. Si è guardato intorno, come se avesse paura che Victor o qualcun altro potesse sentirlo. Poi si è avvicinato ancora di più, e la sua voce era un sussurro.

«Tuo padre è vivo.»

Ho alzato di scatto la testa, l'ho fissato. Stava mentendo per farmi mangiare?

Ha scosso la testa, come se mi avesse letto nel pensiero.

«Altrimenti Agustìn ti avrebbe già ucciso.»

Quelle parole erano fredde, brutali, ma avevano una logica terribile. La logica del nostro mondo. Se papà fosse morto, io non sarei servita più a niente. Sarei stata solo un peso, un testimone da eliminare. Quindi, se ero viva io, doveva essere vivo pure lui.

Un'ondata di sollievo mi ha travolta, così forte che mi ha fatto venire le lacrime agli occhi. Ho portato una mano alla bocca per non farmi vedere piangere, ma non ci sono riuscita. Era la prima notizia vera, la prima cosa a cui potessi aggrapparmi da quando ero entrata in quell'inferno.

Gabriel mi ha sorriso, un sorriso piccolo, sincero. Ha allungato il thermos verso di me.

«Forza.»

Ho esitato ancora un momento. Lui si è avvicinato di nuovo.

«Non devi dire a nessuno quello che ti ho detto. È il nostro segreto.»

Ho annuito. Un segreto. Tra me e lui. Ho preso il thermos con le mani che mi tremavano e ho bevuto il caffè. Era caldo, amaro, e mi è sembrato la cosa più buona del mondo. Poi mi ha passato un pacchetto con del pane. L'ho preso e l'ho divorato, senza nemmeno pensare a quanto fossi affamata.

Non era una resa. Era una decisione. Dovevo essere forte. Per papà. Per Ciro. Per me. Dovevo sopravvivere. E in quel preciso momento per me era già evidente che c'era solo un modo per sopravvivere: dovevo scappare di là.

La sera, quando rimanevo sola, il pensiero della fuga diventava un'ossessione che mi toglieva il sonno. Non era ancora un piano, piuttosto un sogno, un desiderio così forte da farmi male. Mi affacciavo alla finestrella e guardavo il mare. "Ci vorrebbe una barca" pensavo. "Una barchetta qualsiasi, anche piccola, uno schifo di guscio di noce." Immaginavo di remare, per ore, per giorni, fino a vedere una luce all'orizzonte. Ma poi la paura mi stringeva lo stomaco. Dov'ero? Quanto era lontana la terra? E se avessi remato per giorni per poi morire di sete in mezzo al nulla?

In quei momenti, il pensiero di papà e di Ciro diventava un dolore fisico. Mi mancava l'aria. Mi mancava il rumore di papà che mi preparava il caffè la mattina, le prese in giro di Ciro, persino i suoi rimproveri. Loro erano la mia casa, e adesso mi avevano lasciata qui, sola. Mi rannicchiavo sulla branda, stringendo le ginocchia al petto, e piangevo in silenzio, con un dolore sordo che mi mangiava da dentro.

13
Don Salvatore

In quell'appartamento sgarrupato l'aria puzzava di piscio e di paura. Le pareti erano scrostate, la luce del lampadario era debole e gialla, ma a me bastava per vedere quello che dovevo vedere. Seduto sul divano, o meglio, accasciato, c'era l'infame. Un uomo del nostro clan, uno che aveva mangiato al nostro tavolo e che ci aveva venduti. I miei uomini gli avevano già rinfrescato la memoria; aveva il respiro corto, tremava. Un cane bagnato. L'odore della paura gli colava addosso, e la sua faccia era una maschera di sangue e pianto. Mi sono trattenuto dall'andare ad aggiungergli la mia quota personale, una cosa che ormai da tempo non era necessaria perché c'era gente seria che si occupava di queste cose per me. Ma oggi c'era Rosa di mezzo e ho dovuto fare fatica per tenere a posto le mani. Don Salvatore Ricci è

Don Salvatore Ricci. Quando uno arriva dove sono arrivato io, è importante riuscire a trattenersi e farsi vedere sempre superiori. Sempre. Pure oggi.

Tony mi ha fatto un cenno. «È lui» mi ha detto, ma non ce n'era bisogno. Riconosco l'odore di un traditore a cento chilometri di distanza. Mi sono avvicinato solo di qualche passo e mi sono seduto di fronte a lui, con calma. Non avevo fretta. In questi momenti, la fretta è nemica e comunque io la pietà non l'ho conosciuta mai, quindi mi faceva solo piacere prolungare la sua sofferenza. Se lo meritava. L'ho guardato con tutto il disprezzo che avevo. Lui non alzava gli occhi, piagnucolava. Patetico.

«È 'na bella cosa che esistono ancora i traditori» ho detto, e la mia voce era tranquilla. «Altrimenti sto munno foss' 'nu cacamient' 'e cazz'.»

Gli ho preso il mento con la mano, l'ho costretto a guardarmi. I suoi occhi erano pieni di terrore.

«Io non volevo, Don Salvatò... Mi hanno obbligato» ha balbettato.

«Certo. Con un bel po' di soldi, vero?»

«Non volevo, giuro!» continuava a ripetere, come un disco rotto.

L'ho lasciato andare, mi faceva schifo toccarlo.

«Io voglio sapere dove sta quel bastardo di Carlos» ho detto, serissimo. «Lo so che non ha lasciato la città.»

«Don Salvatore, vi prego...»

«Mi hai preso per san Gennaro?» ho risposto, secco. «Devi solo dirmi quello che voglio sapere. Ti sei venduto ad Agustìn Torres? Cos'ha in mente?»

A sentire il nome di Agustìn, il suo pianto si è fatto più forte. Era il momento di cambiare tattica. Un cane bastonato non lo prendi a calci, gli porgi un pezzo di pane avvelenato. Ho addolcito la voce, l'ho resa quasi rassicurante.

«Che sfacimme piangi a fare? Sei uomo solamente quando prendi i soldi?»

Lui mi ha guardato, dubbioso, senza capire.

«Non ti preoccupare, non ti uccido» ho continuato, mentendo. «Lo sai che aggia salvà a Rosa. Tu mi dici quello che voglio sapere e po' te lievi annanz' 'o cazzo, e stamm' pace.»

Gli ho messo una mano sulla spalla, un gesto quasi amichevole. Lui ha sussultato.

«Ma nun t' 'e fa' cchiù vede' a Napoli, hai capito o no?»

Nei suoi occhi pieni di lacrime ho visto accendersi un barlume di speranza. La speranza degli stupidi. Non sapeva ancora se fidarsi o no.

«Coraggio, Salvatore Ricci è n' omm' 'e parola.»
Ha tirato su con il naso, poi ha parlato.
«Agustìn vuole prendere il controllo di tutte le piazze di Napoli.»

Ho lanciato un'occhiata a Tony. Aveva ragione lui. Non erano solo i soldi, era una guerra.
«E che ti voleva dare? 'Na piazza?»
Lui è rimasto in silenzio. L'ho fissato.
«Dov'è Carlos?»
Ha esitato, ma solo per un attimo. La paura di morire era più forte della lealtà che aveva venduto.
«In una villa fuori città, ai Colli Aminei. Circondato da guardie del corpo. Lui sa dov'è vostra figlia.»
Avevo quello che volevo. Mi sono alzato. Gli ho dato un buffetto sulla guancia, come si fa con un bambino che ha fatto la cosa giusta. Era il mio modo di dirgli che aveva fatto bene. E pure il mio modo di salutarlo.
«Eh, bravo.»
Ho fatto un cenno a Tony. Un gesto piccolo, quasi invisibile. Tony ha tirato fuori la pistola, senza fare rumore, e gliel'ha puntata in faccia.

Il traditore ha capito. Ha urlato.
«No! Nooo! Mi avete dato la vostra parola!»

L'ho guardato un'ultima volta, senza nessuna emozione. La mia parola vale quanto il sangue: la dono solo a chi lo merita. E lui non se la meritava più.

«Mica t'accire io, t'accire iss'.»

Tony ha sparato. Il colpo ha rimbombato in quella stanza schifosa. Il corpo dell'uomo è stato scaraventato contro il muro, imbrattandolo di sangue. Il sangue ha schizzato pure sulla tenda lurida. Un rosso vivo su un grigio spento. Ora quella stanza puzzava più di prima.

Mi sono girato. I miei uomini sapevano già cosa fare.

«Metteteci una pietra al collo e buttatelo a mare a st'infame.»

Ho camminato verso la finestra, l'unica cosa pulita in quella casa. L'ho aperta. L'aria della notte di Napoli mi ha riempito i polmoni. Guardavo il mare, scuro, che si perdeva nel buio. Da qualche parte, là fuori, c'era la mia Rosa. Non sapevo se stava mangiando, se la tenevano chiusa, se le avevano fatto del male. Ogni secondo lontano da lei era un coltello nello stomaco. La mia bambina. Negli occhi avevo lei piccolina quando Ciro la faceva ridere, quando mi veniva ad abbracciare all'improvviso, quando la domenica prima di andare al cimitero si vestiva da principessa per accompagnarmi al bar a pigliare il caffè, dandomi la mano e rimanendo zitta zitta se qualcuno le faceva un complimento. Tutti le facevano i complimenti. Tutti quanti. E mo' nessuno poteva toccare la mia principessa e pensare di restare vivo. Me la sarei ripresa. A qualunque costo.

14
Rosa

Gabriel se n'era andato, lasciando la porta della cella socchiusa e un pezzo di pane nella mia pancia. Quella piccola speranza, la notizia che papà era vivo, mi aveva dato una scossa. Non era più il momento di stare ferma ad aspettare. Se volevo uscire da lì, dovevo usare la testa. Dovevo essere una Ricci. Me lo ripetevo come una preghiera: "Sei una Ricci, non ti spezzi".

Sono uscita piano dalla mia cella. Il vento mi ha investita subito, forte e salato. L'aria era pulita, ma fresca. Mi sono guardata intorno, per la prima volta con occhi diversi. Non ero più solo una prigioniera spaventata; ero una stratega. O almeno, ci provavo. Dovevo studiare il campo di battaglia. Ogni passo fuori da quella stanza era una sfida alla paura, però era anche un passo verso di lui, verso papà.

Il terreno era tutto rocce e terra rossa, irregolare. Da una parte c'era la mia cella nel faro, dall'altra un magazzino e una specie di rimessa di cemento. Tutto sembrava vecchio, abbandonato. E poi c'era la rete. Alta, fitta, che circondava tutto, come quelle delle caserme, fatta per non far passare nemmeno un gatto. Mi tenevano in una gabbia per bestie selvagge. Pensavano che fossi pericolosa? E io gli avrei dimostrato che non si sbagliavano.

Mi sono avvicinata piano, con cautela. Non ero scema, non l'avrei toccata. Ma volevo vederla da vicino, capire se c'era un punto debole, un buco, un punto dove la terra era più morbida per poter scavare. Mentre mi avvicinavo, ho sentito un ronzio basso, quasi un lamento. Un suono sottile, ma continuo. La corrente elettrica. Era viva. Cantava la sua canzone di morte a chiunque fosse stato così stupido da provare a toccarla. Era un deterrente, un avvertimento chiaro. "Non ci provare nemmeno" mi diceva. Ho fatto un passo indietro. La rete era una bestia addormentata che non volevo svegliare. Se la toccavo, magari non morivo. Ma restava la possibilità. E non potevo rischiare adesso.

Se non potevo passare attraverso, dovevo guardare oltre. La mia unica speranza era capire dove mi trovavo. L'unica via era salire. I miei occhi si sono fissati sul faro. Alto, grigio, sembrava che mi guardasse dall'alto in basso, come un gigante di pietra. Ho deciso di entrare, di salire fino in cima. Dovevo vedere cosa c'era dietro quella rete, dove finiva questa prigione.

La porta alla base del faro era aperta. Dentro c'era odore di polvere e umidità, di abbandono. Una scala a chiocciola saliva su, avvolgendosi su se stessa nel buio. Ho iniziato a salire, un gradino dopo l'altro. I miei passi rimbombavano in quel silenzio. Ogni tanto, una finestrella stretta mi mostrava un pezzetto di cielo o di mare, ma era troppo poco per capire. Salivo, e più salivo più sentivo il cuore battere forte. Un po' per la fatica, un po' per la speranza. "Dall'alto si vede tutto" pensavo. "Dall'alto troverò una via, un segnale, un suono, un'ombra." Qualcosa che mi dicesse che il mondo là fuori esisteva ancora.

Finalmente sono arrivata in cima, dove c'era la grande lanterna, spenta e piena di ragnatele. C'era una piccola porta che dava su un ballatoio esterno: io l'ho aperta e sono uscita. Il vento, lassù, era così forte che mi ha quasi fatta cadere. Mi sono aggrappata alla ringhiera di ferro, fredda e arrugginita, e ho guardato.

E la speranza è morta.

Da una parte, la recinzione si perdeva in una terra arida, desolata, senza case, senza strade. Solo rocce e sterpaglia. Dall'altra, la scogliera. Un salto a picco nel mare, un muro di roccia verticale che si tuffava in un'acqua scura e arrabbiata, piena di onde che si spaccavano con violenza. Eravamo su un'isola. Una piccola isola in mezzo al niente, dove non arrivavano né segnali né sogni. Solo vento e silenzio.

"Non c'è via d'uscita" ho pensato. E pure la voce del mio pensiero era piatta, senza emozione. La certezza era così assoluta che non lasciava manco spazio alla disperazione. Questo posto non era solo una prigione di ferro e cemento. Era una prigione fatta di mare e di vuoto. Una prigione a cielo aperto costruita intorno a me, che con le sue pareti invisibili mi faceva bloccare il respiro.

Sono tornata nella mia cella sbattendo la porta. Il rumore è rimbombato nel silenzio e per un attimo mi sono sentita meglio. Ho dato un calcio al secchio in un angolo, rovesciando l'acqua sporca sul pavimento.

Ho preso a pugni il muro, anche se sapevo che mi sarei solo fatta male. Il dolore alle nocche era l'unica cosa che mi impediva di sentire il dolore ancora più grande che avevo dentro. Ero Rosa Ricci. La figlia di Don Salvatore. Nessuno mi aveva mai trattata così. Nessuno. E loro me l'avrebbero pagata. Tutti quanti. Mi sono accasciata a terra, senza fiato, piangendo non più per la paura, ma per la rabbia. Una rabbia così forte che mi bruciava la gola.

15
Don Salvatore

La rabbia di un padre è una cosa calda. È un fuoco che ti brucia nelle vene, che ti toglie il sonno, che ti fa vedere tutto rosso. Da quando mi avevano preso Rosa, questo fuoco non mi aveva lasciato un secondo. La villa ai Colli Aminei era un fortino, ma nessun fortino poteva resistere a questo calore che mi sentivo dentro. Non era una questione di onore, ma di sangue. Il mio sangue.

Siamo arrivati di notte, senza fare rumore. Io, Tony e i miei uomini migliori. Il traditore aveva parlato, mi aveva dato l'indirizzo. E adesso Carlos doveva solo pagare.

Non abbiamo bussato. Abbiamo sfondato il cancello con il SUV. L'esplosione di ferro e cemento è stata la prima parola della nostra conversazione. L'inferno si è scatenato subito. Dalla villa hanno iniziato a sparare: c'era una vedetta sulla terrazza. L'ho vista subito, ho mirato, ho sparato ed è caduta giù; un sacco vuoto in figura umana. Io non ho provato niente, come al solito. Ho sentito soltanto il rinculo della pistola, una scossa calda che mi è salita lungo il braccio.

Siamo scesi dalle macchine riparandoci dietro le portiere. Il rumore dei mitra riempiva l'aria. Era una guerra. Al mio fianco c'era Tony, preciso, letale. I miei uomini avanzavano, spazzando via le guardie di Carlos una dopo l'altra. Vedevo i corpi cadere, il sangue che macchiava le piastrelle lussuose del cortile. Anche uno dei miei è caduto. Fa parte del gioco. Ma ogni mio uomo che cade è un pezzo di me che cade con lui. E il fuoco dentro di me continuava a salire.

Sono salito di corsa verso la piscina sulla terrazza. Dentro c'era una festa, musica, gente nuda che si baciava. Patetici. Loro festeggiavano, e mia figlia chissà dov'era. Hanno provato a rispondermi al fuoco, ma sono stati spazzati via. L'acqua della vasca idromassaggio si è tinta di rosso. E in mezzo a quel casino, l'ho visto. Carlos. Nudo, bagnato, che scappava come un topo. Un topo spaventato.

L'ho inseguito giù per le scale. Sono riuscito a colpirlo di striscio a una gamba, ma è riuscito a raggiungere una delle sue macchine e a partire a tutta velocità.

Sono saltato in macchina pure io e l'inseguimento è iniziato.

Abbiamo corso per le strade di Napoli, a folle velocità. Le luci della città erano strisce di colore confuse. Davanti a noi vedevo la sua macchina che sbandava. «Più veloce!» urlavo al mio autista. «Prendilo!» Ogni semaforo rosso, ogni macchina che si metteva in mezzo, era un'offesa personale. Il mondo doveva fermarsi, doveva togliersi di mezzo. Non capivano che stavo andando a riprendermi il mio cuore? Ho abbassato il finestrino e ho iniziato a sparare, ma con la mano destra non ero preciso. I proiettili rimbalzavano sull'asfalto.

È andato verso il porto. Pensava di conoscermi, pensava di fregarmi. Ma Napoli è mia. Conosco a memoria ogni strada, ogni vicolo, ogni via di fuga. L'abbiamo seguito fino a quando la sua corsa non è finita contro un muro, nell'area portuale, sotto il vecchio eliporto: una piattaforma di cemento alta almeno venti metri. Era in trappola.

È sceso dalla macchina, zoppicando, con la pistola in pugno. Perdeva sangue. Si è guardato intorno, disperato. Ha visto noi che arrivavamo. Ha guardato le scale di ferro che portavano in cima alla piattaforma e ha fatto la sua scelta.

«Si è buttato a mare» ha detto Tony.

Ma io ho visto la macchia di sangue sul terzo scalino. Era salito.

«Lo voglio vivo» ho sussurrato a uno dei miei uomini, mentre salivamo le scale lentamente, senza fare rumore. Ogni gradino era un passo verso la verità. O verso il nulla.

Arrivati in cima, non si vedeva.

«Carlos... è finita. Butta la pistola!» gli ho gridato.

Nessuna risposta. Ho fatto un cenno a un mio uomo, mi sono fatto dare il suo giubbotto e l'ho lanciato sulla piattaforma. Una raffica di colpi l'ha crivellato, svelando la sua posizione. Era lì, sdraiato per terra, che ci aspettava.

«Ti sei messo con l'uomo sbagliato, Agustìn non conta niente, sono io che comando» gli ho gridato, mentre uno dei miei si lanciava verso di lui. C'è stata una colluttazione, un altro sparo. Il mio uomo è morto. Ma io ero già lì, la pistola puntata contro Carlos.

«Hai finito i colpi, Carlos.»

Lui mi ha guardato, sempre nudo, con la faccia che era una maschera di sangue e di odio. Ha provato a sparare, la pistola ha girato a vuoto. L'ha buttata via, con un gesto di stizza.

Mi sono avvicinato, mentre lui arretrava verso il bordo. Lo guardavo, e il calore della mia rabbia si concentrava tutto dietro gli occhi. Volevo bruciarlo vivo con lo sguardo. Ma non potevo. Mi serviva vivo. Mi serviva la sua voce per dirmi dov'era mia figlia.

«Tieni 'e palle...» gli ho detto, quasi con ammirazione. «Ma devi capire che mo' è 'o mument' 'e parlà.»

Ho provato a essere suadente, a offrirgli una via d'uscita. Una bugia, ovviamente.

«Mi devi dire dove sta mia figlia.»

Lui ha sorriso, un sorriso strano, di sfida. Ha guardato la città, le luci di Napoli.

«Ti piace Napoli? È una bella città per vivere... ti piace vivere?»

Mi sono chinato su di lui. «Dove la tiene quel bastardo di Agustìn?»

Lui mi ha guardato dritto negli occhi.

«Hijo de puta!!!» ha gridato.

E prima che potessi afferrarlo, si è lasciato cadere nel vuoto. E ha volato, nudo, nell'aria della notte.

«Nooooooo!!!» ho urlato, furibondo.

Il corpo di Carlos si è schiantato al suolo. E in un attimo, tutto il fuoco che avevo dentro si è spento. Sostituito da un gelo che non avevo mai provato. Il nulla. La mia unica pista, la mia unica speranza, polverizzata sull'asfalto là sotto. La rabbia era sparita, e al suo posto c'era solo il terrore. Un terrore caldo, soffocante, che mi chiudeva la gola. La paura di un re che non sa dove si trova la sua principessa.

16
Rosa

La notte in quel posto era una cosa diversa. Non era solo buio: era un silenzio pesante, pieno di rumori che facevano paura. Il vento che ululava come un animale che sta morendo, il mare che sbatteva contro la scogliera senza mai stancarsi. Quel pomeriggio avevo dovuto cedere. Dopo essermi lavata con l'acqua gelida, non ce l'avevo fatta a rimettermi i miei jeans con i brillantini, che ormai erano veramente troppo sporchi e umidi. Così avevo indossato la loro roba. Quella schifezza. I pantaloni da maschio, ruvidi, e una maglietta grigia che mi stava enorme. Mi sentivo spogliata, non solo dei miei vestiti, ma di me stessa. Una versione di me che non riconoscevo più. La Rosa di prima era rimasta a terra, a Napoli, e io adesso ero qui, dentro un'altra pelle che puzzava di polvere e prigione.

Quella sera, mi stavo preparando per dormire. Mi ero tolta quei pantaloni larghi e scomodi, rimanendo con la maglietta che mi arrivava a metà coscia e gli slip. E già mi sentivo un po' meno prigioniera, senza quella tela ruvida addosso.

È stato allora che ho sentito il rumore del cancello. Un cigolio metallico, lo stesso che avevo sentito quando ero arrivata. Il mio cuore si è fermato. Chi poteva essere, a quell'ora? Mi sono sistemata in fretta, ho preso i pantaloni da terra, ma non ho fatto in tempo. La porta della cella si è aperta di colpo.

Sulla soglia c'era Gabriel. Ma non sembrava lo stesso Gabriel della mattina. Aveva gli occhi lucidi, un sorriso stupido stampato in faccia e barcollava leggermente. In mano teneva una bottiglia di tequila mezza vuota. Era ubriaco. Istintivamente, percependo il pericolo, ho stretto i pantaloni al petto per coprirmi, mentre lui entrava. Mi ha fatto subito più paura di quando era normale. Aveva una camminata storta e lo sguardo liquido, ma pieno di qualcosa che mi ha fatto accapponare la pelle: non era solo ubriaco, era fuori controllo. Aveva una mano che gli tremava un poco, e con l'altra stringeva la bottiglia come se fosse un'arma.

Vedevo il suo sguardo addosso al mio corpo, sopra le mie gambe, e ho sentito un brivido di freddo e di schifo.

«Ciao querida, ti va di bere qualcosa insieme?» mi ha detto, con un italiano impastato dall'alcol.

Io ho indicato la bottiglia con un cenno della testa, sforzandomi di sorridere. Un sorriso finto, per tenerlo a bada. «Grazie, non mi piace la tequila.»

«Non l'hai mai provata? Oggi è la sera giusta...»

Si è avvicinato, mentre già svitava il tappo. Puzzava di alcol e sudore. Io indietreggiavo, ma la stanza era piccola, non c'era scampo.

Tenendo gli occhi ancora fissi su di me, mi ha allungato la bottiglia.

«Grazie, non mi va.»

Lui si è avvicinato ancora, ormai era a un passo da me. Mi fissava. Ha bevuto un lungo sorso dalla bottiglia.

«Ma è buona!»

Ho provato a essere furba, a distrarlo. Ho sorriso di nuovo e ho cercato di superarlo, andando verso la porta.

«Vieni, usciamo. Andiamo a vedere il mare.»

Volevo solo portarlo fuori, all'aperto, dove magari Victor poteva sentirci. Per un attimo ha abboccato, mi ha seguita, ma poi il suo sguardo si è fatto ambiguo, cattivo. Mentre mettevo la mano sulla maniglia, mi ha bloccata, spingendomi con violenza contro la porta. Ha appoggiato il suo corpo contro il mio.

«Rimani qua, ti faccio divertire!»

È scoppiato a ridere. Mi ha passato una mano sulle labbra. Mi sono ritratta con disgusto.

«Per favore!» ho sussurrato, la voce che mi moriva in gola.

Lui mi ha messo la bottiglia contro le labbra, forzandomi a bere. Ho tossito, il sapore forte della tequila mi ha bruciato la gola.

«Oggi è il giorno delle prime volte...»

17
Rosa

Ha lasciato cadere la bottiglia per terra e ha cominciato a toccarmi. Le sue mani erano viscide, insistenti. Ho provato a spingerlo via, sono riuscita a divincolarmi e sono finita in un angolo della stanza, terrorizzata.

«Ti prego!»

Ma forse era proprio la mia paura che gli piaceva. Mi ha raggiunta di nuovo e mi ha baciata con forza. Ho provato a colpirlo, ma contorcendomi ho fatto cadere la piccola lampada che illuminava la stanza. Nel buio quasi totale, è riuscito ad afferrarmi di nuovo, mi ha bloccato le braccia e ha cominciato a baciarmi dappertutto, furiosamente, mentre le sue mani mi frugavano dappertutto. Ho urlato, un urlo senza suono, soffocato dalla sua bocca.

Proprio in quel momento, la porta si è spalancata di colpo. Sulla soglia c'era Victor.

«Che cazzo fai?» ha gridato.

Gabriel si è staccato da me.

«Fatti i cazzi tuoi, Victor!»

Victor si è scagliato contro di lui, l'ha preso per le spalle e l'ha spinto via da me con violenza. Gabriel ha provato a tirargli un pugno, ma Victor l'ha schivato e l'ha colpito con un calcio nello stomaco che l'ha fatto crollare a terra. Si sono rotolati sul pavimento, picchiandosi, mentre io rimanevo pietrificata dalla paura in un angolo, totalmente incapace di muovermi.

Alla fine Victor è riuscito a bloccarlo con la schiena a terra.

«Fermo, cabrón! Lo sai che succede se Agustìn ci scopre?»

Gabriel ha smesso di reagire. Victor gli ha mollato un altro pugno, poi si è alzato, furioso.

«Non dirgli niente, ti prego...» ha piagnucolato Gabriel da terra.

Victor lo guardava pieno di rabbia.

«Non toccarla mai più!»

Lo ha aiutato a rialzarsi e lo ha spinto fuori dalla porta. Sulla soglia, Victor si è voltato e i suoi occhi hanno incrociato i miei per un istante. Non so cosa ci abbia visto, forse solo il mio terrore. Poi ha chiuso la porta e mi ha lasciata sola.

Sono rimasta immobile per un tempo infinito, poi le gambe mi hanno ceduto e mi sono lasciata cadere sul letto. Ho iniziato a piangere silenziosamente, senza singhiozzi, mentre tutto il mio corpo tremava senza controllo.

Mi sono rannicchiata con le gambe piegate e le braccia strette attorno al petto, come facevo da bambina quando papà mi sgridava e io correvo a chiudermi in camera mia, aspettando che venisse a bussare e a dirmi che andava tutto bene. Adesso però non c'era nessuna porta da chiudere. Nessun bussare. Nessuna voce rassicurante. C'era solo il buio, il silenzio e l'odore della paura.

"Papà, dove sei?" ho pensato, e quel pensiero era un sussurro così forte che mi ha riempito tutta la testa.

E Ciro? Lui non l'avrebbe mai permesso. Lui avrebbe sfondato la porta. Mi avrebbe protetta.

Mi sono stretta a me stessa ancora di più.

Poi, lentamente, il pianto si è fermato. I singhiozzi si sono trasformati in rabbia. Rabbia contro Gabriel, per avermi toccata. Rabbia contro Victor, per avermi salvata ma per essere comunque uno di loro. E rabbia contro me stessa, per essere stata così debole, così spaventata.

"Non succederà più" mi sono detta, asciugandomi le lacrime con un gesto secco, quasi violento. "Mai più." Ho guardato il mio riflesso nel vetro scuro della finestrella. Non ero una principessa da salvare. Ero la figlia di un re. E da figlia di un re avrei iniziato a comportarmi. Non sapevo ancora come, ma sapevo che non sarei rimasta a guardare. La prossima volta, non avrei aspettato che qualcuno mi salvasse. Mi sarei salvata da sola.

18
Victor

Ci ha chiamati alla villa, a me e a Gabriel. Moreno è venuto a prenderci con la jeep, senza dire una parola. Il suo silenzio era peggio di una minaccia. Durante tutto il tragitto dal faro, ho guardato Gabriel. Aveva la faccia bianca, le mani che non stavano ferme. Tutti e due sapevamo che non era una convocazione di piacere. Agustìn non ti chiama mai per offrirti un caffè. E di solito, se ti offre qualcosa, il prezzo lo scopri solo dopo.

«Stai tranquillo» gli ho detto dandogli una pacca sulla spalla. «Abbiamo solo scherzato un po' con quella, niente di che.»

Lui ha annuito, ma i suoi occhi dicevano che non ci credeva nemmeno lui. «Speriamo che non gli sia arrivata nessuna voce strana» ha risposto.

«Moreno non parla» ho detto io, per rassicurarlo. Ma mentre lo dicevo, guardavo la schiena di Moreno che guidava, e non ne ero così sicuro. Quel bastardo vede e sente tutto, e non dimentica niente.

Siamo entrati nel salone della villa. Agustìn era seduto su un divano enorme, bianco, con un bicchiere in mano. All'apparenza era calmo, quasi annoiato. Moreno si è messo in un angolo, immobile. Una statua. L'aria era ferma, pesante. Mi pareva che pure i raggi del sole che entravano nella stanza avevano paura di muoversi.

«Ci hai chiamati?» ho chiesto, cercando di sembrare sicuro.

Agustìn non si è girato nemmeno a guardarci. Ha continuato a fissare un punto vuoto davanti a sé.

«Come sta la ragazza?» ha chiesto, con la voce piana.

Il mio cuore ha perso un battito. Ho guardato Gabriel. Il panico gli stava salendo agli occhi.

«Bene, sta bene» ha risposto lui, con la voce troppo acuta.

«Siete sicuri?» ha insistito Agustìn, sempre senza guardarci.

Ho visto lo sguardo di Gabriel spostarsi su Moreno. La faccia impassibile di quell'uomo era una sentenza. Aveva parlato. Eravamo fottuti.

«Abbiamo solo scherzato un po', vero Victor?» ha detto Gabriel, disperato, cercando il mio aiuto.

«Sì, sì, niente di grave, Agustìn» ho aggiunto io, la mia voce che suonava falsa anche alle mie orecchie. "Stai zitto, Gabriel," pensavo "non peggiorare le cose."

Agustìn si è alzato. Lentamente. Si è avvicinato a noi. Ha guardato prima me.

«Vuoi bene al tuo amico, vero?»

«Sì, certo. Molto» ho risposto, sentendomi un coglione.

«Però sai che ha sbagliato, per questo lo hai fermato» ha continuato lui, con una calma terribile. Ha girato la testa verso Gabriel. «Rispondi.»

«Sì...» ho ammesso, con un filo di voce.

Gabriel è crollato.

«Scusami Agustìn, mi dispiace, non succederà più.»

«Quanto tempo ho perso con te?» ha detto Agustìn, infastidito. «Non posso credere che è stato tutto inutile.»

«Ti prego... perdonami!»

Lo sguardo di Agustìn si è fatto feroce. Gabriel ha indietreggiato, spaventato.

«Eppure ero stato chiaro. Niente cazzate.»

«È colpa di quella puttanella italiana! Mi provocava...» ha piagnucolato Gabriel.

Ho chiuso gli occhi per un istante. "No, non dire così" ho pensato. Era la scusa dei deboli, e Agustìn odia i deboli.

Per me, Gabriel aveva sbagliato due volte. La prima, quando aveva cercato di toccare Rosa. E la seconda adesso: piangere davanti ad Agustìn, giustificarsi, dare la colpa a una ragazza. Questo per Agustìn era peggio di un tradimento. Era debolezza. E la debolezza, dalle nostre parti, si paga sempre con il sangue.

Allora ho provato a salvarlo, un ultimo tentativo disperato.

«Ha ragione. L'ho vista pure io...»

«Hai sentito? Lo dice anche lui!» ha fatto Gabriel, aggrappandosi alle mie parole.

Agustìn lo ha guardato con un disprezzo totale, mentre Gabriel gli crollava ai piedi, abbracciandogli le gambe. «Ora ho capito!»

«Non sei affidabile, Gabriel. Non mi servono persone come te.»

Con un gesto secco, Agustìn ha tirato fuori un coltello dalla tasca. Non ho nemmeno visto la lama. Ho visto solo il suo braccio che si muoveva, veloce, preciso. Ho sentito il rumore soffocato di Gabriel che cadeva a terra. Ho visto il sangue che iniziava a macchiare il marmo bianco del pavimento. Il rosso si allargava, lento, silenzioso. Ero agghiacciato.

Sono rimasto immobile, senza fiato, il terrore che mi impediva di pensare. Agustìn si è girato verso di me. I suoi occhi erano calmi, come se avesse appena schiacciato un insetto.

«Non esistono amici da proteggere, solo nemici da cui guardarsi» ha detto, pulendo la lama del coltello sui suoi pantaloni.

Io lo guardavo, incapace di parlare, sentendo il sapore amaro della bile in gola.

«Non dimenticartelo mai.»

Se n'è andato, lasciandomi solo con il corpo di Gabriel e con Moreno, che non si era mosso di un millimetro. Sono crollato sulle ginocchia. Ho strisciato fino a Gabriel, l'ho abbracciato, non mi importava del sangue. Ho pianto per il mio amico e per la mia stupidità. Ho pianto per il sogno di Napoli che adesso aveva l'odore della morte. In quel sangue che adesso avevo dappertutto c'era pure il mio. Solo che ancora non era uscito. E in mezzo a tutto quello strazio si è fatto strada un altro pensiero, un peso ancora più grande: la ragazza. La povera ragazza nel faro. Senza Gabriel, adesso toccava solo a me prendermi cura di lei. A me, che a stento sapevo occuparmi di me stesso.

19
Rosa

Quella mattina il sole non serviva a niente. La luce che entrava dalla finestrella illuminava soltanto la polvere e la mia paura. Non avevo dormito completamente. Avevo passato tutta la notte rannicchiata sul letto, con le orecchie tese, pronta a sentire il rumore del cancello. Ogni volta che il vento fischiava un po' più forte, il mio cuore si fermava. Avevo troppa paura che tornasse Gabriel.

L'immagine delle sue mani, del suo sorriso ubriaco, non mi lasciava stare. Mi sentivo sporca, umiliata. Eppure per un momento avevo sperato che la sua gentilezza fosse sincera. "Stupida" mi sono detta. "Sei una Ricci. Non ti devi fidare mai. Mai."

Quando ho sentito la porta della cella che si apriva, mi sono messa subito con le spalle al muro, pronta a lottare. Ma non era Gabriel: era Victor.

È entrato tenendo un vassoio con la colazione. Questa volta era solo. L'ho guardato, cercando di capire cosa pensasse. La sua faccia era una maschera, ancora più chiusa del giorno prima. Non diceva niente, né rabbia né dispiacere. Solo un grande vuoto. E questo, non so perché, mi faceva quasi più paura. Mi sembrava che dentro di lui ci fosse una guerra silenziosa, una tensione che si vedeva anche solo nel modo in cui camminava.

Ho deciso di parlare per prima.

«Ho paura di Gabriel» ho detto, e la mia voce era un sussurro, ma era ferma. «Non voglio più vederlo.»

Era la verità. Ma era anche un modo per vedere che faceva. Per capire se era ancora amico suo, se pensava che era colpa mia.

Lui non mi ha guardata. Ha posato il vassoio sul tavolo. La sua voce, quando ha risposto, era dura, piena di una rabbia fredda che non capivo. E per la prima volta dopo tutto quel tempo mi sono resa conto che il suo italiano era quasi perfetto. Come mai? E soprattutto, come avevo fatto a non accorgermene prima? Mi sembrava di non aver mai visto quel ragazzo, quando mi ha risposto con un'aria strana, chiusa: «È partito, un lavoro per Agustìn in Bolivia.»

Partito. La parola mi è rimbombata in testa e sono tornata a respirare di colpo; un'ondata così forte che ho dovuto appoggiarmi al muro per non cadere. Gabriel non sarebbe più tornato. Ero salva, almeno da lui. Però c'era qualcosa nel modo in cui l'aveva detto che non mi suonava giusta. Ho annuito, ho fatto finta di crederci; ma una parte di me, quella che mi dice sempre di non fidarmi, sentiva che c'era qualcosa di strano.

Poi l'ho guardato meglio in faccia e ho ripensato a quella cosa di prima.

«Ma tu parli italiano?» gli ho chiesto, sorpresa.

Ha fatto un sì secco con la testa, senza guardarmi.

«Mia madre era italiana.»

«Mia madre era italiana.» Quattro parole, un pezzettino della sua storia; una cosa che non mi aspettavo. Era la prima crepa che si apriva nella sua corazza. Ha fatto per andarsene, dandomi le spalle.

"No, non te ne andare" ho pensato. "Rimani. Dimmi di più." Ma io non sono una che prega nessuno.

«Victor!» l'ho chiamato, cercando di imitare il tono che fa papà quando dà ordini a qualcuno che lavora per lui. Ma la voce mi è uscita più alta di quanto volevo.

Lui non si è girato. Ha continuato a camminare verso la porta.

«Victor!» ho ripetuto.

Niente. Ha aperto la porta ed è uscito, chiudendosela alle spalle. Io non potevo vedere la sua faccia. Vedevo solo la sua schiena dritta che si allontanava. Non potevo sapere, in quel momento, che quella schiena nascondeva una faccia piena di rabbia e due occhi pieni di lacrime. Né che il suo passo rigido non era solo rabbia, ma anche dolore. Né che stava piangendo per l'amico che aveva perso. Né che la colpa di tutto questo, secondo lui, era mia. Io vedevo solo un carceriere diverso, più freddo, più distante. Un mistero. E per la prima volta da quando ero su quell'isola, non ho pensato solo a come scappare.

Ho pensato a lui.

20
Rosa

I giorni dopo che Gabriel è "partito" sono diventati tutti uguali, ma diversi da prima. Adesso eravamo solo io e lui. Io e Victor.

La mattina apriva la porta, mi lasciava il caffè e il pane. A pranzo, un vassoio con qualcosa che non sapeva di niente. La sera, le taniche d'acqua. Ma adesso faceva tutto da solo. E in silenzio. Un silenzio pesante, che riempiva tutta la mia cella anche dopo che se n'era andato.

Io lo osservavo. Era diventato il mio unico passatempo, l'unica cosa da fare per non impazzire. Lo guardavo muoversi. Era preciso, meccanico, come se stesse facendo un lavoro che odiava ma che doveva fare per forza. Non mi guardava mai negli occhi. Appoggiava le cose e si girava subito: può essere che aveva paura che potessi vedergli qualcosa in faccia? Ma io comunque guardavo lo stesso. Guardavo le sue mani, che erano grandi e piene di graffi. Guardavo le sue spalle, sempre un po' curve, come se portasse un peso. Osservavo la sua bocca, sempre chiusa in una linea dura. E poi quegli occhi, che non si posavano mai su di me, ma che sentivo addosso appena abbassavo lo sguardo.

"Che pensi, Victor?" mi chiedevo. "Ti annoi a fare sempre le stesse cose? Vorresti essere partito tu, al posto di Gabriel? Pensi a me? O non pensi a niente?"

A volte facevo dei piccoli esperimenti. Quando mi portava il vassoio, dicevo un «grazie» a voce bassa. Volevo vedere se reagiva. Le prime volte, niente. Faceva finta di non sentire. Poi un giorno, dopo il mio grazie, l'ho visto fare un cenno quasi impercettibile con la testa, prima di girarsi e andarsene. Un piccolo gesto. Niente di che. Ma per me, in quel silenzio, era come un tuono.

Un'altra volta, mentre mi lasciava l'acqua, una tanica gli è scivolata e ha fatto un gran rumore. Lui ha imprecato a bassa voce, in spagnolo. Io ho sorriso. Un sorriso piccolo, solo per me. Era la prima volta che lo vedevo sbagliare qualcosa. Era la prova che non era un robot. Era un essere umano. E anche lui, forse, aveva paura. Quella caduta improvvisa aveva cambiato qualcosa. Per qualche secondo, in quell'equilibrio strano, fragile, di silenzi sospesi tra di noi, mi è sembrato tutto meno netto. Occhi, polvere, una tanica che rotola; due persone che vivono nello stesso silenzio.

La sera, quando rimanevo sola, pensavo a lui. Pensavo a quelle parole: «Mia mamma era italiana». Cercavo di immaginarlo da bambino, con sua madre. Ma non ci riuscivo. Vedevo solo il ragazzo con gli occhi da lupo e le mani sporche di lavoro. Il mio carceriere. Il mio unico contatto con il mondo.

E non lo sapevo ancora, ma in quei giorni di silenzio e di sguardi rubati stava succedendo qualcosa. Stavo cercando una crepa nella sua armatura, e non mi ero accorta che intanto c'era un'altra crepa, molto pericolosa, che si stava formando anche nella mia.

21
Rosa

Dopo quel giorno, il silenzio tra me e Victor è cambiato. Lui continuava a portarmi il cibo e l'acqua, e a volte mi sorprendevo a guardarlo.

Era stato proprio uno dei suoi gesti di premura nei miei confronti a darmi l'idea. Victor mi aveva lasciato una tanica d'acqua piena e io l'ho finita in fretta, perché quel giorno faceva particolarmente caldo e la sete era tanta. Sono andata per buttarla nella piccola rimessa dove tenevamo la spazzatura, come avevo fatto con le altre. Ero lì, con la tanica vuota in mano, pronta a lanciarla in mezzo alla spazzatura, ma mi sono fermata e l'ho guardata. Era di plastica, brutta, leggerissima. Se l'avessi buttata in mare giù dalla cima del faro avrebbe galleggiato, e forse, se avevo fortuna, le correnti l'avrebbero spinta fino al porto di Napoli!

Sono rimasta immobile, con il braccio alzato e il cuore che rallentava, per ascoltare meglio un'idea ancora informe. Un pensiero, piccolo e folle, mi stava attraversando la mente. Una sola tanica non serviva a niente. Tante taniche insieme, però...

Da quel giorno, la mia vita ha avuto un nuovo scopo. Non aspettavo più. Agivo. Ho iniziato a conservare ogni tanica d'acqua vuota. Di giorno, quando Victor non c'era, sgattaiolavo nella rimessa. Era un posto schifoso, puzzava di umido e di vecchio; l'aria lì dentro sembrava marcia, una palude ferma che mi restava addosso, sulla pelle. Ma io la respiravo, era il mio ossigeno, perché ogni passo tra quella sporcizia mi avvicinava alla riva. Quella rimessa per me era diventata una miniera d'oro. Frugavo tra i cartoni marci e i ferri arrugginiti, cercando qualsiasi cosa potesse servirmi: pezzi di spago, vecchie reti da pesca strappate, fili di ferro. Ogni piccolo tesoro lo nascondevo sotto la maglietta e lo portavo in quella stanza dove tanto non entra mai nessuno. Sentivo il metallo freddo contro la pelle, il cuore che batteva più forte: pure lui l'aveva capito che quello che stavo rubando era un pezzetto di futuro, e uno alla volta sarebbe diventato qualcosa di intero.

Il vero lavoro iniziava la notte, quando il faro era immerso nel buio e l'unico suono era quello delle onde. Con le mani che mi facevano male, legavo le taniche una all'altra. Usavo i denti per stringere i nodi, creando una specie di ragnatela di corde e fili per tenerle unite. Era una cosa brutta, sgangherata, una schifezza. Ma ogni nodo era una parola che non avevo potuto dire, ogni legatura un rimprovero lanciato in silenzio contro il mondo che mi aveva tolto tutto. La cosa incredibile però è che mentre la costruivo, pezzo dopo pezzo, sentivo qualcos'altro che stava crescendo dentro di me. Quella non era solo una zattera. Era la mia libertà. Era la mia barchetta, il mio guscio di noce. Era la mia rabbia che prendeva forma e di colpo era diventata fredda, lucida; anziché bruciare, adesso costruiva.

A volte, mentre legavo un nodo, mi fermavo di colpo, con il cuore in gola, ascoltando il buio. Il rumore dei miei gesti, per me, era assordante. Mi chiedevo se Victor, là fuori, potesse sentirmi. Stupido non mi pareva proprio: forse faceva solo finta di esserlo? Possibile che non si fosse accorto della pila di taniche che cresceva ogni giorno in un angolo, nascosta male sotto la branda? O semplicemente sceglieva di non vedere? Mi tormentavo a chiedermi se l'indifferenza era una maschera per il suo menefreghismo, o magari invece per qualcosa di più impensabile, tipo la pietà.

A volte, mentre facevo un nodo, pensavo ai momenti in cui Victor mi portava l'acqua, senza sapere che quell'acqua io la stavo trasformando in un'arma per tradirlo. Mi sentivo da schifo. Ma poi pensavo a mio padre, a Ciro, e quella sensazione passava. "Io non gli devo niente" mi dicevo. "Lui è come gli altri. È solo una pedina di Agustìn."

Eppure, quando il giorno dopo mi portava il vassoio e i nostri sguardi si incrociavano per un secondo, sentivo un pugno piccolo e preciso, sotto lo sterno. Il corpo intuiva qualcosa che la mente non voleva ammettere. Non potevo sapere, allora, quanto sarebbe stato difficile tenere insieme i pezzi di me stessa: la ragazza che voleva fidarsi di lui e la Ricci che doveva pensare solo a salvarsi. La mia zattera era la mia unica speranza, eppure ogni nodo che stringevo era anche un nodo che tagliavo con lui, e incredibilmente questo non mi rendeva per niente felice.

22
Rosa

Stavo uscendo dalla rimessa della spazzatura, con le mani sporche e il cuore che batteva forte per il mio segreto, quando me lo sono trovato davanti. Victor. Mi fissava con quello sguardo sospettoso che ormai conoscevo bene. Per un attimo ho avuto paura che avesse scoperto qualcosa, che avesse visto la mia zattera nascosta.

«Che stai facendo là dietro?» mi ha chiesto, con la voce piatta.

Ho dovuto pensare in fretta. Gli ho mostrato un sorriso strafottente, uno di quelli che usavo a Napoli quando volevo far innervosire qualcuno.

«Passavo il tempo» ho risposto, scrollando le spalle. «Sto uscendo pazza tutto il giorno qui senza fare niente.»

Lui ha lanciato un'occhiata dentro la rimessa, senza notare nulla. Ho deciso di spingere ancora un po', di giocare.

«Vai, vai a vedere» ho aggiunto, con un tono di sfida. «Sto costruendo un aliante per scappare da qua...»

La sua faccia si è indurita. L'avevo infastidito, e questo mi ha dato una strana soddisfazione. Volevo vedere una sua reazione, una qualsiasi, pur di rompere quel muro di silenzio. Volevo capire se sotto quella maschera da carceriere c'era ancora qualcosa di vivo.

Senza dargli il tempo di rispondere, ho iniziato a correre.

«Prenderò la rincorsa e suuu!» ho gridato, allargando le braccia come se fossero ali. Non per scappare davvero, ma per sentire l'aria sulla faccia, per sentire il mio cuore battere per qualcosa che non fosse solo paura. Era un gioco stupido, un gioco con la morte, ma per un secondo mi ha fatta sentire viva.

«Che cazzo fai? Stai ferma!!!» ha urlato lui alle mie spalle.

La sua voce era disperata, e quella disperazione era una musica nuova per me. L'uomo di pietra si stava sgretolando. Ho continuato a correre, sentendo il vento che mi fischiava nelle orecchie e il rumore del mare che si faceva sempre più forte.

«Fermati!»

Sono saltata sul muretto basso che separava il faro dallo strapiombo. Sotto di me c'era solo il vuoto, le onde che si spaccavano sulle rocce. Ho chiuso gli occhi per un istante, respirando l'aria salata, e in quel momento ho sentito le sue mani afferrarmi con forza per la maglietta. Mi ha tirata indietro con uno strattone così violento che mi ha fatta cadere.

Siamo piombati insieme sulla terra dura in un unico groviglio di gambe e braccia. Il suo corpo era sopra il mio, pesante, e sentivo il suo respiro affannoso sul mio collo. Per un attimo, non c'erano più il carceriere e la prigioniera. C'eravamo solo noi due, aggrappati alla terra per non cadere nel vuoto. Lui si è rialzato con il fiatone e gli occhi pieni di una furia che non gli avevo mai visto.

«Non fare mai più queste stronzate» ha ringhiato, con la voce strozzata.

L'ho guardato dal basso. Il gioco era finito. La mia provocazione aveva funzionato, ma adesso mi sentivo piccola e scoperta. Tutta la mia strafottenza si era sciolta, lasciando solo una grande, sincera disperazione. Ho alzato lo sguardo verso il cielo, verso gli uccelli che volavano liberi sopra di noi.

«Vorrei essere un uccello e volare via» ho sussurrato.

Lui si è bloccato. La rabbia nei suoi occhi si è spenta per un attimo, sostituita da qualcos'altro. Sorpresa, forse. O compassione. È rimasto a guardarmi, e nei suoi occhi non ho visto più il lupo. Ho visto un ragazzo spaventato, confuso. Ho visto un pezzetto della sua anima, e mi sono accorta che forse assomigliava un po' alla mia. Poi, senza dire un'altra parola, si è girato e se n'è andato, lasciandomi lì, seduta per terra, con il sapore della polvere e della libertà impossibile sulla lingua.

Era ancora il mio carceriere. Ma in quel momento, sulla cima di quella scogliera, sono stata sicura di una cosa. Aveva avuto paura di perdermi.

23
Rosa

L'alba ha iniziato a colorare il cielo di giallo. Il vento della notte si era calmato, ma l'aria che mi entrava nelle ossa era fresca e umida. Il freddo era un morso lento, che mi rosicchiava i polsi, le caviglie, il collo.

Prima di uscire, innanzitutto sono andata verso l'angolo dove c'era il saccone con i vestiti che mi aveva lasciato Gabriel. Ci ho frugato dentro in fretta, con le mani che tremavano, e in fondo alle altre cose ho trovato una felpa pesante, grigia, ruvida al tatto. L'ho infilata subito. Era larga, mi copriva fino a metà coscia, e per un momento mi sono sentita al sicuro. Come se qualcuno mi stesse abbracciando.

All'improvviso mi è venuto un pensiero stupido, pericoloso: "E se Gabriel ritorna? Se la sua missione in mare a un certo punto finisce e quando meno me lo aspetto lui viene a riaprire quella porta?". Mi è passato un brivido lungo la schiena, ma subito dopo è arrivata un'ondata di sollievo feroce: tanto, se torna, non mi troverà. È stato allora che ho deciso una cosa: era ovvio che la mia zattera non era perfetta, ma tanto perfetta non sarebbe stata mai. Certo avevo ancora tutta una giornata davanti per recuperare quello che potevo e poi approfittarne per sistemare certe cose. Ma più aspettavo e più rischiavo che succedesse qualcosa di brutto. Questo mi ha dato tutta la scossa che mi serviva. Non c'era più tempo per pensare. Lo dovevo fare adesso. Subito.

Sono rientrata nel faro e ho preso la mia zattera. Trascinarla fuori è stato difficilissimo. Morivo dalla paura che Victor mi scoprisse, perché le taniche di plastica legate insieme facevano un rumore sordo, una specie di rimbombo, sulla terra e sulle rocce: era un rumore che sapeva di sconfitta, non di libertà. Cosa mi sarebbe successo, se Victor avesse scoperto la mia fuga? Cosa mi avrebbero fatto? In più, vedevo ogni nodo, ogni giuntura diversa dall'altra e pensavo che era bruttissima, storta, una cosa ridicola. Però era mia. Era l'unica cosa che avevo.

L'ho portata fino al bordo dello strapiombo, con il fiatone e il cuore in gola. Mi sono affacciata. Il salto era enorme. Sotto, il mare era scuro, mosso, e le onde si spaccavano contro le rocce con una violenza che faceva paura. Erano denti affilati che aspettavano di masticarmi, per sputarmi in mare dove le correnti mi avrebbero portata da qualche parte. Ma dove? Nei giorni precedenti ero stata talmente impegnata a pensare in che modo incastrare taniche una con l'altra da non occuparmi per niente dei pensieri che adesso mi stavano assillando. Quanto tempo si può resistere sotto il sole senza mangiare né bere? Quanta distanza c'era dalla terraferma? E se le correnti mi avessero spinta in mezzo al mare aperto? Se io morivo in mare, né papà né Ciro avrebbero mai più saputo niente di me. Non ci sarebbe stata manco una tomba dove portare i fiori sopra, come facevamo tutte le domeniche andando a trovare la mamma al cimitero. Però in cambio, per me, c'era l'unica speranza di libertà.

Senza pensarci più, ho lasciato comandare le mie mani che hanno preso la zattera e l'hanno lanciata a mare.

24
Rosa

Dentro di me c'era una guerra. Una parte che voleva scacciare tutte queste paure, e un'altra che continuava a cascarci sopra. Non riuscivo a trovare pace e sono rimasta ferma per un tempo che mi è sembrato infinito. "È una pazzia" diceva una voce. "Ti ammazzerai." Ma l'altra voce, più forte, rispondeva: "È meglio che morire qui dentro, un giorno alla volta". Proprio in quel momento, ho sentito in lontananza il cigolio del cancello che si chiudeva. Forse era Victor che stava arrivando. Se invece era Gabriel? O Agustìn? Quello è stato il segnale. Ora o mai più.

Ho alzato lo sguardo verso il faro e ho dato l'ultimo saluto a quella prigione. Dall'altra parte di una delle finestre ho visto Victor. Era lì, fermo, e mi stava guardando. I nostri occhi si sono incrociati, nonostante la distanza. Non so perché, ma gli ho sorriso. Un sorriso piccolo, triste. Forse per dirgli: «Guarda, io sono una Ricci. Faccio quello che voglio». O forse per dirgli addio.

Ho visto la sua espressione cambiare. Ha capito. Ha capito tutto.

«Fermaaa!»

Il suo urlo mi è arrivato portato dal vento, disperato. Ma era troppo tardi.

Mi sono tolta le scarpe e le ho lasciate lì, sulla terra rossa. Ho guardato un'ultima volta le taniche che galleggiavano invitanti nell'acqua scura sotto di me. Ho preso un respiro profondo, stringendomi nel calore della felpa. E mi sono lanciata nel vuoto.

È stato un volo lunghissimo: per un istante infinito, mi sono sentita davvero un uccello. L'aria mi fischiava nelle orecchie, il mondo si capovolgeva. Ho chiuso gli occhi. Poi, l'impatto.

L'acqua era gelida: una lastra di ghiaccio che mi ha spezzato il fiato. La velocità mi ha spinta giù, a fondo, nel buio. Ho sentito un dolore acuto, lancinante, alla gamba. Avevo sbattuto contro qualcosa forse, una punta di scoglio nascosta sotto l'acqua. Ho aperto gli occhi nel torbido, vedendo solo bolle d'aria che salivano verso una superficie lontana. E all'improvviso ho sentito il peso della felpa. Quella che prima mi aveva scaldato, ora mi tirava giù. Come se le mani di Gabriel mi stessero trattenendo là sotto.

Ho iniziato a nuotare verso l'alto, con tutta la forza che avevo. I polmoni mi bruciavano. Quando finalmente sono riemersa, la prima cosa che ho fatto è stata urlare. Un urlo di dolore per la gamba ferita, che sentivo pulsare e bruciare, ma anche un urlo di trionfo. Ce l'avevo fatta. Ero fuori.

Le onde, però, mi hanno subito richiamata all'ordine, schiaffeggiandomi, spingendomi di nuovo sott'acqua. Sono riemersa tossendo, sputando acqua salata. Ho visto la zattera a pochi metri da me. Ho nuotato con la forza della disperazione, con una gamba sola che funzionava. Ma la corrente era potente, mi spingeva dalla parte sbagliata, verso gli scogli, non verso il mare aperto. Un'altra onda, più grande delle altre, mi è crollata addosso, mi ha fatto girare su me stessa e mi ha spinta di nuovo a fondo.

Questa volta, ho sentito le forze che mi abbandonavano. Ho lottato, ho provato a tornare su, ma i miei muscoli non rispondevano più. Il buio dell'acqua stava diventando caldo, accogliente. "È così che si muore" ho pensato. Poi non ho pensato più niente.

Il buio sotto l'acqua era diventato una specie di abbraccio. Tutto era leggero e i rumori si erano fatti lontani, ovattati. Stavo andando, me lo sentivo.

Stavo lasciando tutto: il faro, la paura, il dolore per Ciro, persino il ricordo di Victor. E per un attimo, mi è sembrato giusto così.

Poi, una mano mi ha afferrata.

Non era una mano cattiva tipo quella di Carlos che mi aveva stretta sulla barca di Agustìn. Questa era una mano energica, disperata. Mi ha stretta per un braccio e mi ha trascinata con una forza che non credevo possibile verso l'alto, verso quella luce che avevo smesso di cercare. Sono riemersa tossendo, sputando acqua e sale, con i polmoni che bruciavano. Mi sono aggrappata a quella mano, a quel braccio, senza nemmeno guardare chi fosse. Era l'unica cosa solida in un mondo di onde che volevano inghiottirmi.

Era Victor. Mi teneva stretta, nuotando con fatica contro la corrente, tirandomi dietro di sé. Ci siamo riparati dietro una grande roccia, dove il mare era più calmo, e siamo rimasti lì, aggrappati, con il fiatone, tremando per il freddo e la fatica. Poi mi ha trascinata sulla riva, sulla roccia fredda e bagnata, e siamo crollati, esausti.

25
Rosa

Tutto il mio lavoro, tutta la mia speranza, non erano serviti a niente. E adesso l'adrenalina della fuga si era dissolta, lasciando solo il sapore amaro della sconfitta e dell'acqua salata che mi bruciava ancora in gola. Ero riuscita a trascinarmi di nuovo nella mia cella, a strapparmi di dosso i vestiti zuppi e pesanti, che ora giacevano in un mucchio scuro e triste sul pavimento, come il cadavere della mia speranza. Mi ero infilata i vestiti asciutti che mi aveva portato Gabriel, ma il loro cotone pulito non poteva fare niente contro il freddo che sentivo dentro. Un freddo che partiva dallo stomaco e si irradiava ovunque.

Mentre cercavo di sciacquarla con l'acqua pulita di una tanica, la ferita sulla gamba pulsava da morire, un dolore acuto e costante che a ogni battito mi ricordava il mio fallimento. I sogni di fuga erano annegati insieme ai miei sforzi: cosa mi credevo di fare? Ora non solo ero condannata a rimanere lì, ma da quel momento in poi sarebbe stato pure peggio, perché sapevano che ci avrei provato. Di sicuro Victor lo avrebbe detto subito ad Agustìn e mi avrebbero sorvegliata ancora di più. Forse mi avrebbero punita? Questo pensiero mi faceva tremare più del freddo che mi era entrato nelle ossa.

Quando Victor è entrato, il suo sguardo è caduto prima sul mucchio di vestiti bagnati e poi su di me. Sul suo viso non c'era preoccupazione. Solo rabbia.

«Sei impazzita?» La sua voce era dura, tagliente. Non c'entrava niente con la dolcezza che avevo sentito poco prima, quando eravamo crollati sulla spiaggia... Ma forse mi ero solo inventata tutto nella mia testa, la dolcezza, la voglia di proteggermi, quel senso di vicinanza che ora era sparito del tutto. Lo stesso ragazzo che mi aveva appena salvato la vita adesso era di fronte a me e mi stava fissando con uno sguardo gelido; il mio cuore ha iniziato a battere come un pazzo. "Lo sapevo che andava così. Gliel'ha già detto ad Agustìn? Cosa mi faranno adesso? È venuto per ammazzarmi." Teneva qualcosa in mano ma non mi sembrava un'arma: allora che cos'era?

«Dove cazzo pensavi di andare? Vedi qualcosa intorno? Lo sai quanto è lontana la terra? Lo sai?» continuava, la voce che si alzava.

«Non lo so! Non lo so!!!» ho urlato, alzando di scatto la testa. Le lacrime mi scendevano da sole, mescolandosi con l'acqua salata che avevo ancora sul viso.

«Ti potevi ammazzare...» ha detto lui, con un tono che era quasi un rimprovero.

«Meglio morta che continuare a vivere così... in questa prigione maledetta» ho risposto, con tutto il disprezzo che avevo in corpo.

Lui mi ha fissata, e la rabbia nei suoi occhi si è trasformata in qualcos'altro. Qualcosa di più cupo, di più stanco.

«Lo sai che mi succede se scappi?» mi ha chiesto, piano.

L'ho guardato senza capire.

«Faccio la stessa fine di Gabriel. Se scappi, io sono morto.»

"Che significa?" ho pensato. "Gabriel è in Bolivia, a fare un lavoro per Agustìn."

Lui ha visto la confusione sul mio viso. Ha fatto un respiro profondo, e i suoi occhi si sono riempiti di un dolore che mi ha spezzato. Sembrava che ogni parola gli costasse una fatica enorme.

«È morto.»

Il mondo si è fermato. Morto. Gabriel, con la sua faccia da bambino e i modi apparentemente gentili che poi si erano rivelati tutto il contrario, era morto. La bugia di Victor, la mia piccola speranza, tutto si è sbriciolato in un secondo. Ho capito tutto: la sua tristezza, la sua rabbia, il suo silenzio. Non erano per me, ma per il suo amico.

Stavo là a fissarlo immobile, attonita, con quella parola che mi rimbombava in testa. Morto. Mi si è bloccato il respiro. "Potrebbero uccidere anche Victor? Per colpa mia?" Il freddo che sentivo non era più niente in confronto al gelo che mi ha invaso le vene. Dunque non era incazzato per il pericolo che avevo corso io, ma per il rischio che avevo fatto correre a lui.

È crollato tutto. La mia disperazione per la fuga fallita è diventata terrore puro per la punizione imminente. Mi sono ritratta, ma lui si è inginocchiato, ha indicato la mia gamba.

Senza pensare, ho allungato una mano verso di lui, un gesto piccolo, istintivo. Volevo consolarlo, non so perché. Volevo toccargli un braccio, fargli capire che… non lo sapevo nemmeno io cosa. Quello che aveva fatto, il modo in cui mi aveva salvata, mi aveva toccata nel profondo. Non era più solo il mio carceriere. Era un ragazzo che aveva perso il suo migliore amico. La sua vita, adesso, dipendeva dalla mia. E la mia, forse, dalla sua.

Ma lui, appena ha visto la mia mano avvicinarsi, si è ritratto di scatto, come se lo stessi per bruciare. È rimasto a guardarmi per un altro istante, poi si è chinato verso la mia gamba ferita, senza più nessuna traccia di emozione sul viso.

«Dai qui» ha detto, con la voce di nuovo dura.

26
Rosa

Victor ha iniziato a medicarmi senza nessuna delicatezza. E io l'ho lasciato fare, continuando a tenere gli occhi fissi su di lui. Ora il mio sguardo era diverso.

Ecco che cosa teneva in mano fin dall'inizio: non era un'arma, ma una boccetta di disinfettante che ha preso da una scatolina lì per terra. Quando l'ha versato il bruciore è stato violento, mi ha costretta a stringere i denti per non urlare. Ho stretto i pugni, conficcando le unghie nei palmi; eppure le sue mani, pur tese per la rabbia, si muovevano con una delicatezza inaspettata, mentre mi medicava la ferita. Era una sorpresa che mi confondeva. Il suo tocco era concentrato, preciso, incredibilmente leggero. Sentivo il calore delle sue dita contro la mia pelle gelata, un contrasto strano e inaspettato. Non mi guardava, era completamente assorto in quel compito, come se medicare il mio taglio fosse la cosa più importante del mondo.

Poi però ho capito. Lui faceva il duro, obbediva agli ordini, ma evidentemente sotto quella corazza c'era qualcos'altro. La cura con cui mi toccava, il dolore nei suoi occhi per Gabriel... Victor era una persona buona, costretta a vivere una vita terribile. Ed era l'unico su cui potessi contare.

In quel momento di disperazione, con la ferita che bruciava sotto il getto del disinfettante, ho trovato il coraggio. Dovevo provarci.

«Ti prego, aiutami» ho sussurrato, la voce rotta dalla speranza e dalla paura. «Non posso più stare qui.»

Victor si è irrigidito. Il ragazzo che mi stava medicando con dolcezza è svanito, sostituito di nuovo dal soldato di Agustìn.

«Non tradirò mai Agustìn» ha detto, con un tono di voce piatto, definitivo.

«Hai solo paura di lui! Come puoi essere fedele a un uomo del genere?» ho insistito, sconfortata.

Ha finito strappando un pezzo della mia maglietta bagnata per creare una benda di fortuna. Mentre la legava, ha continuato a parlare. «Non mi farà mai del male» mi ha risposto alzandosi in piedi. Mi dava l'idea che volesse farsi vedere più sicuro di quello che era realmente. Ma forse era solo una mia impressione? Però, a ben pensarci, come poteva fidarsi così tanto di uno come Agustìn?

«L'hai detto tu...» ho sottolineato «che se io scappassi ti ammazzerebbe. Quindi dai, dai, dai, ti prego, aiutami! Non fidarti di lui, lascia che invece io possa fidarmi di te!»

«Non capisci» ha risposto, e ora la sua voce era carica di un'angoscia profonda. «È lui che mi ha salvato quando ho perso mia madre.»

Ah è vero, infatti me l'aveva detto che sua mamma "era" italiana.

«Hai perso tua mamma?» gli ho chiesto con una dolcezza di cui non mi ero resa conto, finché non ho sentito il suono della mia stessa voce. «Quanti anni avevi?»

«Ero bambino.» E anche la sua voce è arrivata bassa, carica di un peso che non riuscivo a comprendere. Sembrava che venisse da lontano, chissà da quando e da dove. Un altro orfano, proprio come me.

Io però almeno un padre ce l'avevo, avevo i miei fratelli, la nostra casa. Lui no. L'ho guardato come se lo stessi vedendo per la prima volta. «Ti ha cresciuto Agustìn?»

Victor non ha alzato lo sguardo dalla mia ferita e non ha ricambiato il mio, mentre faceva di sì con la testa. «Mi ha promesso che sarò il suo braccio destro.» All'improvviso, la sua fedeltà cieca ha iniziato ad avere un senso terribile e le sue parole hanno aggiunto la tessera mancante al puzzle della sua devozione. Non era semplice paura. Era un debito.

In un secondo ho capito tante cose di lui, della sua gentilezza, del suo sguardo chiuso. Agustìn non era solo il suo capo. Era stato il suo salvatore, l'unico genitore che avesse mai conosciuto. Gli aveva dato del cibo, un tetto, ma soprattutto gli aveva dato uno scopo, un'identità. Quindi per Victor l'idea di tradire Agustìn non significava solo rischiare la vita ma anche voltare le spalle all'unica vita che lui avesse mai conosciuto, all'unica persona che gli avesse mai promesso un futuro. Come se io…

«Anche io ho perso mia madre» ho sentito il bisogno di dirgli, così, d'impulso, per creare una specie di ponte su quell'abisso di dolore che ci univa.

Lui mi ha guardata. «Era testarda come te?»

La domanda mi ha sorpresa, così personale, come se mi conoscesse da una vita. «Forse… non ricordo nemmeno il suo viso. L'unica immagine che ho è la sua foto sulla tomba.»

Ma quando si è alzato io e lui non eravamo uniti da niente; anzi, evidentemente la distanza tra noi era di nuovo incolmabile.

«Mi dispiace, non posso aiutarti.»

Se n'è andato, e la sua risposta era una porta sbattuta in faccia, una sentenza definitiva. Avevo visto una possibilità, mi ero aggrappata all'idea che lui fosse la mia unica via d'uscita, ma lui mi aveva detto di no. Ero di nuovo sola, in una prigione che ora mi sembrava ancora più stretta, con la certezza che nessuno mi avrebbe aiutata e il terrore di una punizione che temevo sarebbe arrivata prestissimo. La ferita alla gamba era un dolore fisico, ma la paura di quello che mi avrebbero fatto era una tortura molto peggiore.

TERZA PARTE
Il prezzo della libertà

27
Don Salvatore

Le valigette stavano aperte sul divano di pelle scura del mio studio. Dentro c'erano pile di banconote da cinquanta e da cento e un sacchetto pieno di diamanti che brillavano sotto la luce del lampadario. Ho notato che lo sguardo di Tony passava dai soldi ai diamanti; cercava di non darlo a vedere ma era esterrefatto, non aveva mai visto così tanta ricchezza tutta insieme. Per lui, quella era l'incarnazione del potere. Per me, invece, in quel momento, era solo un'offerta. Il prezzo umiliante del mio fallimento.

Ogni banconota su quel divano aveva una storia. Io, Don Salvatore Ricci, ero stato costretto a chiedere prestiti a gente che non rispettavo, a ordinare di vendere merda per le strade, per mettere insieme quei cento milioni maledetti. C'erano i soldi dei cinesi, presi con un sorriso falso e una stretta di mano che mi bruciava ancora. C'erano i soldi di Pina, fatti costringendola a tagliare la nostra roba con qualsiasi cosa pur di guadagnare più velocemente quello che ci serviva. «Quarta vittima in una settimana» dicevano i giornali. E chi se ne fotte di quei tossici di merda. La loro vita valeva meno di una lacrima di mia figlia.

Tutto quello che ho costruito, tutto il potere, l'ho fatto per loro. Per tenerli al sicuro, per dare a Ciro e a Rosa una vita protetta. E avevo fallito. Essere un buon padre, per me, ha sempre significato questo: fottersene della vita degli altri, quando c'è in gioco quella del tuo sangue. Ma se non riesci a proteggere nemmeno la tua famiglia, allora cosa sei? Niente. Sei solo un uomo con una montagna di carta sporca.

E sul divano stava pure la sacca che ero andato a recuperare al cimitero. Quella notte il cancello era chiuso, come sempre a quell'ora, ma per me non ci sono mai stati cancelli chiusi a Napoli. L'aria era fredda, sapeva di marmo e di umidità. Arrivato davanti alla nostra cripta di famiglia, avevo aperto la porta ed ero sceso nelle viscere della terra, dove sta la tomba di mia moglie e dove un giorno – speriamo il più lontano possibile – mi metteranno pure a me. Lì, dietro una lapide, c'era il nostro tesoro. Quella sera, senza manco pensare di farmi il segno della croce davanti alla fotografia di Maria, come avevo sempre fatto quando ci venivo con i ragazzi, ho aperto il loculo e ho tirato fuori la sacca. Rubare ai miei morti per salvare i miei vivi mi era sembrata l'infamità più grande.

E ora ero là, in piedi, davanti al sacchetto dei diamanti che aveva riposato in pace nella cripta per anni prima che io dovessi ridurmi a riesumarlo per darlo a un fetente in cambio della vita di mia figlia. Ho preso uno dei diamanti e l'ho fatto girare tra le dita: ogni faccia rifletteva la luce, ma per me era opaco. Non aveva valore. L'unico gioiello che volevo riavere indietro era Rosa. Ho riposto il diamante nel sacchetto e ho chiuso le valigette, una dopo l'altra. Il rumore secco delle chiusure ha riempito il silenzio dello studio.

Mi sono girato verso Tony. Il mio fuoco si era trasformato in una lucidità fredda.

«Mo' voglio una prova che sta bene» ho detto, con una calma che ha sorpreso anche me. Prima di dargli anche solo un euro, volevo sentire la sua voce. Dovevo essere sicuro che Rosa era viva, e non lo so nemmeno io che strage sarei stato pronto a fare se questa certezza non me la davano.

28
Rosa

Quella notte il mare ha deciso di gridare più forte di me. Il vento si gettava contro il faro come se volesse buttarlo giù, un pugno dopo l'altro. Mi sembrava che pure le pareti della mia cella stavano tremando. Io non potevo dormire, e sono rimasta sveglia ad ascoltare il rumore del mondo là fuori, sentendomi ancora più piccola e inutile. Quand'è che veniva a riprendermi, papà? Perché ci stava mettendo così tanto? Da una fessura della finestra che non aveva il vetro, entrava l'aria fredda che mi si infilava nelle ossa. Mi sono stretta nella coperta ruvida, che faceva odore di polvere e solitudine, e per la prima volta ho pensato che forse finalmente quella prigione poteva crollare, non per mano degli uomini di mio padre, ma per la furia del mare. Da un lato aspettavo che finisse, dall'altro speravo che questa tempesta cambiasse qualcosa, rompesse tutto e mi trasportasse in qualsiasi altro posto, basta che me ne andavo da là.

La mattina dopo, però, era tutto uguale a prima e non era cambiato niente. Il cielo era di un azzurro così limpido che faceva male agli occhi. L'aria era tanto pulita che sembrava non fosse mai esistita la notte prima; il vento si era portato via tutta la sporcizia del mondo. Sono uscita dalla cella e ho visto Victor. Era fuori, vicino alla mia finestra, con una sacca di attrezzi per terra. Stava inchiodando delle assi di legno per coprire il buco da cui era entrato il vento per tutta la notte.

Non me l'aspettavo. Ogni giorno faceva quello che doveva fare, mi portava le cose da mangiare; ma questo era diverso. Questo era... per me. Per non farmi sentire freddo. Lavorava in silenzio, concentrato. Il rumore del martello che batteva sul legno era l'unico suono, a parte quello del mare, che però adesso era più calmo. A un certo punto ha alzato la testa e si è accorto che lo guardavo.

«Con queste dovresti stare meglio» ha detto, con la sua solita voce ruvida, e si è rimesso subito al lavoro.

Il sole si è alzato, ha iniziato a fare caldo. Victor era sudato, la maglietta appiccicata alla schiena. Lavorava senza fermarsi, con una fatica che si vedeva.

L'ho guardato per un po', non so nemmeno io perché. Forse perché era la prima cosa vera, concreta, che vedevo da giorni. Poi sono rientrata nella cella, ho preso una delle bottiglie d'acqua che mi lasciava e sono uscita di nuovo.

Piano piano mi sono avvicinata a lui. Per un secondo, ho esitato. Dare da bere al proprio carceriere. Che cosa stupida. Però la sua fatica era una cosa reale, e io ho fatto tutto senza pensare. Lui si è fermato, mi ha guardata sorpreso.

«Tieni. Ti ho portato un po' d'acqua» gli ho detto, porgendogli la bottiglia.

Lui ha allungato il braccio e l'ha presa. Le nostre dita si sono sfiorate per un secondo. Un contatto piccolo, quasi niente, che però mi ha dato una scossa, un calore strano che non c'entrava niente con il sole.

«Grazie.»

Ha bevuto a lunghe sorsate, poi si è passato il braccio sulla fronte per asciugarsi il sudore. Si è tolto la maglietta, che era tutta bagnata. E insieme alla maglietta, si è tolto anche la collanina che portava sempre al collo. Era una semplice catenina d'argento, annerita dal tempo. Chissà chi gliel'aveva data. Vederlo togliere quel pezzetto della sua vita segreta, lì davanti a me, è stato uguale a vederlo nudo per davvero. L'ha appoggiata con delicatezza su un sasso.

È rimasto a petto nudo, e io non ho potuto fare a meno di guardarlo. Aveva un bel fisico, asciutto, pieno di muscoli disegnati dal lavoro e forse dal mare. Era la prima volta che lo vedevo così. Non più il mio carceriere, non il ragazzo con gli occhi da lupo. Adesso era semplicemente Victor. Un ragazzo sudato sotto il sole. E non so spiegarlo, ma mi ha colpita. Mi sono sentita strana, confusa. Il cuore mi batteva un po' più forte.

Si è versato l'acqua che restava sulla testa e sul petto per rinfrescarsi. L'acqua gli scivolava sulla pelle. Poi ha ripreso il martello e si è rimesso a lavorare, come se niente fosse. Come se io non fossi lì a guardarlo, con la bottiglia vuota in mano e un groviglio di pensieri nuovi e spaventosi nella testa. Quel giorno, al posto del rancore, ho iniziato a coltivare un sentimento nuovo e ancora più pericoloso: la curiosità.

29
Rosa

Dopo aver riparato la finestra, Victor non se n'è andato subito. È rimasto lì, in silenzio, a guardare il mare. Forse stava ascoltando qualcosa che io non potevo sentire… magari qualcosa che veniva da dentro. Poi, senza dire una parola, è andato verso la sua jeep ed è tornato con un panino avvolto in un tovagliolo di carta. L'ha diviso in due, con le mani, e me ne ha dato un pezzo.

Ho esitato. Accettare il suo cibo era una cosa, ma mangiare con lui, seduti uno accanto all'altra come se fossimo due persone normali, era diverso. Però avevo fame, e in quel suo gesto non c'era minaccia. C'era solo un panino. L'ho preso.

Le nostre dita si sono sfiorate per un attimo. Le sue erano calde. Le mie tremavano un po'.

Ci siamo seduti sul bordo della scogliera, con le gambe a penzoloni sul vuoto. Il vento ci soffiava tra i capelli. Il clima adesso era sereno, tranquillo. Sotto di noi, le onde si spaccavano contro le rocce, ma da là sopra sembrava un rumore lontano, quasi dolce. Un sottofondo delicato, il respiro di qualcosa di immenso e indifferente. Noi due mangiavamo in silenzio. Il pane era semplice, ma dopo quei giorni di angoscia aveva il sapore della cosa più buona del mondo. In quel silenzio strano il corpo si rilassava; finalmente aveva avuto il permesso di stare qualche minuto senza lottare. Era un momento di tregua. Una tregua che non avevo chiesto, ma che mi faceva stare bene.

«Ogni tanto sai che penso, davanti al mare?» ho detto, all'improvviso. Le parole mi sono uscite da sole, non le avevo preparate, anzi mi sono pentita un secondo dopo averle dette; ma ormai era troppo tardi. «Che magari c'è una persona che dall'altra parte, chissà dove, sta guardando proprio verso di me... e quindi è come se ci guardassimo dritti negli occhi.»

Era un pensiero stupido, da bambina, però lui non ha riso. Si è girato a guardarmi, e per la prima volta mi è sembrato davvero curioso.

«Chi c'è ora che ti sta guardando, Rosa?»

La sua domanda mi ha spiazzata. Era gentile.

«Mio fratello Ciro» ho risposto, e la voce si è fatta più sottile. «Mi manca tanto.»

«Dov'è?» ha chiesto lui, piano.

«In carcere, purtroppo. Ma io sono sicura che uscirà presto... Nun pozz' sta senz' a iss'.»

Mi ha guardata, confuso. «*Pozz*... Cos'è pozz?»

Non ho potuto fare a meno di sorridere. Un sorriso vero, questa volta.

«È napoletano. Vuol dire "posso".»

Lui ha ripetuto la parola tra sé, a bassa voce, sbagliando la pronuncia. «Puoss...»

«Non *puoss*. Pozz'!» l'ho corretto, e abbiamo sorriso tutti e due. Per un istante, mi sono dimenticata dove eravamo: le sbarre della mia galera invisibile si erano sciolte. Ero ancora prigioniera, ma non in quel secondo.

Poi il suo sguardo è andato verso l'orizzonte. Una grossa nave stava passando lontano.

«È una nave merci» ha detto lui per riempire il silenzio.

«Dove va?»

«Dritta in America, ogni martedì. Arriva dalla Spagna.»

America. Un posto così lontano che per me non era nemmeno reale. La nave si muoveva, andava da qualche parte, mentre io ero obbligata a restare ferma lì. Un punto fisso in un mondo che scorreva. Ogni momento che passavo con lui, sentivo di potermi fidare un po' di più. Era pericoloso, lo sapevo, ma ho deciso di rischiare.

«Dove siamo, Victor?»

L'ho guardato fisso, aspettando. Ho visto che esitava. I suoi occhi si sono spostati da me al mare, come se cercasse una via di fuga. Sapevo che era un'informazione che non doveva darmi. Sapevo che gli stavo chiedendo di tradire il suo capo per me.

Per un attimo, il suo respiro si è fatto più corto. Sembrava che stesse decidendo se saltare o restare fermo.

Poi ha risposto, ma la sua voce era tornata quella del carceriere.

«In un'isola.»

Solo quello. Un'isola. Perché, non lo sapevo già da prima? Il muro invisibile della mia prigione, che si era abbassato per un attimo, si è tirato su di nuovo, più alto e più freddo di prima. Ho sentito un'inquietudine improvvisa, una malinconia che mi ha stretto lo stomaco. Come se avessi visto una porta socchiudersi, per poi richiudersi di colpo davanti al naso. Ho riportato lo sguardo sulla nave, che adesso stava scomparendo dietro la punta dell'isola, portandosi via quel piccolo momento di pace e il mio sogno di un mondo diverso.

E dentro di me qualcosa si è rotto. Non perché avesse mentito. Ma perché, per un attimo, avevo davvero sperato.

30
Rosa

Qualcosa si era rotto dentro di me, in quei giorni; o forse si era aggiustato.

Avevo sempre paura, ma adesso, quando guardavo il mare, non pensavo più solo a scappare. A volte il mio sguardo correva da solo verso la strada, cercando la polvere sollevata dalla sua jeep sullo sterrato. Aspettavo che tornasse, con un'ansia che era un misto di paura e… non lo so. Io sono la figlia di Don Salvatore Ricci e sapevo perfettamente che lui era il nemico. Ma io non sono solo la figlia di Don Salvatore; io sono anche Rosa, la ragazza che aveva sentito il calore della sua mano e troppo spesso si chiedeva se quella era l'unica cosa vera in tutto quell'inferno.

Quel pomeriggio, quando ho sentito il rumore di una jeep che si avvicinava, il cuore mi ha fatto un salto.

“È lui” ho pensato. Mi sono sistemata i capelli e la maglietta senza neanche pensare che era un gesto stupido e per la prima volta sono uscita dalla cella quasi felice.

Ma il sorriso mi è morto sulle labbra. La persona che è scesa dalla jeep non era Victor. Era Moreno.

La sua faccia era dura come sempre. Si è avvicinato senza dire una parola ed è bastata la sua presenza per cancellare subito quel poco di pace che avevo trovato.

«Che c’è?» ho chiesto, sulla difensiva.

Lui mi ha afferrata per un braccio, con una violenza brusca che mi ha fatto male, e mi ha trascinata verso il muro bianco della rimessa.

«Stai ferma lì» mi ha ordinato in un italiano stentato. «Di’ che stai bene. E che devi fare quello che diciamo noi.»

Ho visto che tirava fuori un cellulare. Voleva fare un video. Una prova per papà. Voleva usarmi, usare la mia faccia, la mia voce, per ricattarlo. La rabbia mi è salita dal profondo, calda e amara. Non gliel’avrei data vinta. Non sarei stata la sua marionetta.

Lui ha iniziato a riprendere; io l’ho fissato con tutto l’odio che avevo negli occhi, e invece di dire quello che voleva lui, ho gridato.

«Papà aiuto! Tengo paura, voglio tornare a casa!»

Non l'avessi mai fatto. Ha smesso di registrare. Il suo viso si è trasformato in una maschera di rabbia. Mi ha dato uno schiaffo, così forte che la testa mi è girata e ho sentito il sapore del sangue in bocca.

Mi ha rialzata, spingendomi di nuovo contro il muro. Mi ha rivolto lo sguardo che si può posare su un insetto da schiacciare.

«Devi dire che stai bene. Entiendes?» ha urlato.

Sono caduta a terra. Lui si è piegato sopra di me, minaccioso, e mi ha indicato le lacrime con un dito. Voleva che le togliessi. Ho obbedito, sconvolta, asciugandomi il viso con la mano che tremava. Poi mi ha tirata su di nuovo.

Ha riacceso il cellulare, mi ha fatto un cenno con la testa. Parla. E io ho parlato. Ho guardato dentro quella piccola telecamera, pensando agli occhi di mio padre, e ho recitato la mia parte con la voce rotta.

«Papà sto bene. Fai quello che ti dicono loro, dagli quello che vogliono, ti prego.»

Ha bloccato la registrazione. Senza degnarmi di uno sguardo, si è girato e se n'è andato, risalendo sulla sua jeep. Io sono rimasta lì, in piedi, immobile. Poi, quando il rumore della macchina è sparito, sono crollata. Mi sono lasciata cadere per terra e finalmente mi sono lasciata andare a un pianto senza ritegno, pieno di rabbia e di umiliazione. Ogni traccia di speranza, ogni crepa che si era aperta nel mio muro, era stata richiusa con la violenza. Di nuovo ero solo una prigioniera. E odiavo tutto. Odiavo lui, odiavo Agustìn. Per un momento ho odiato anche Victor, perché non era lì per me.

31
Rosa

Quella sera, dopo che Moreno se n'era andato, mi sentivo ancora più sporca di quando Gabriel mi aveva toccata. Lo schiaffo mi bruciava sulla faccia, ma era l'umiliazione a farmi ancora più male. Allora sono uscita dalla cella, perché non ce la facevo più a stare chiusa là dentro. Accanto al faro c'era un'impalcatura di ferro arrugginito: mi sono arrampicata e mi sono seduta lì, avvolta nella mia coperta, a guardare il mare nero. Quel livido sul mio viso era un marchio a fuoco che diceva: "Sei mia. Appartieni a noi".

È stato allora che ho visto la luce di una torcia muoversi sotto di me. Mi sono spaventata, ho pensato fosse tornato Moreno. Ma poi ho sentito la sua voce.

«Rosa!» Era Victor. L'ho visto alzare la torcia verso di me. Ha illuminato il mio viso, i miei occhi gonfi di pianto, il segno rosso sulla guancia. Anche se con quella luce in faccia non potevo vederlo, ero sicura che la sua espressione era completamente cambiata. «Che ti è successo?»

Sono scesa piano dalla scaletta fredda dell'impalcatura mentre lui mi veniva incontro. Appena i miei piedi hanno toccato terra, ho fatto una cosa che non avrei mai pensato di fare. L'ho abbracciato. Ho affondato la testa sul suo petto, aggrappandomi alla sua maglietta come se fosse l'unica cosa solida al mondo. Avevo bisogno della sua protezione. E lui, dopo un secondo di sorpresa, mi ha ricambiata stringendomi forte per farmi scudo da tutto il male. Ho sentito il battito del suo cuore, un ritmo calmo e forte contro la mia guancia, e per un secondo ho chiuso gli occhi fingendo che tutto il resto del mondo non esistesse.

«Quello lì...» ho sussurrato contro la sua maglietta.

«Chi? Moreno?»

Ho annuito, senza staccarmi.

«Che ti ha fatto?»

«È una persona cattiva.»

Ho sentito i muscoli della sua schiena irrigidirsi per la rabbia, ma ha cercato di controllarsi. Mi ha accarezzato i capelli, goffamente.

«Scusami se non sono venuto prima» ha detto, e nella sua voce c'era una tenerezza che mi ha fatta sentire ancora più fragile. È rimasto a stringermi per un po', poi si è staccato piano. Mi ha guardata, e i suoi occhi erano decisi, dolci. «Vieni. Ti porto in un posto.»

Mi ha teso la mano. La sua mano era grande e ruvida, segnata dal lavoro, ma ha stretto la mia con una delicatezza che non mi aspettavo. Ho sentito un brivido che questa volta non era di paura. Ho deciso di seguirlo, senza sapere dove, senza fare domande.

Abbiamo camminato in silenzio fino al grande cancello di rete. Lui l'ha aperto quel tanto che bastava per farci passare. Sono rimasta ferma sulla soglia per un attimo, perplessa. Uscire da lì mi sembrava impossibile, sbagliato.

«Ma dove andiamo?»

«Fidati.»

E io mi sono fidata. Per la prima volta dopo tanti giorni ho varcato la soglia della mia prigione, tenendo la sua mano.

Siamo saliti sulla jeep. Lui guidava concentrato nell'oscurità totale che ci circondava: solo i fari tagliavano la notte sull'isola completamente buia, dove pareva di correre nel nulla. All'inizio ero tesa, mi tenevo forte alla maniglia. Poi, a poco a poco, mi sono rilassata. Il vento forte mi sbatteva contro il viso, ed era un vento diverso da quello degli altri giorni; questo era un vento di libertà che portava via i pensieri, la paura, l'odore della mia cella. Ogni tanto lo guardavo di nascosto. Il suo profilo tagliato dalla poca luce, gli occhi fissi sulla strada. Il silenzio tra noi non era più pesante. Era pieno, ma non so di cosa. Forse di tutte le parole che non ci eravamo detti.

L'espressione sul mio viso è cambiata, me lo sentivo. Il peso che avevo sul cuore si è fatto più leggero.

«Che bello...» ho sussurrato, quasi senza accorgermene.

Victor mi ha fatto un cenno con la testa, verso l'alto.

«Guarda quante stelle! Non c'è luna, stanotte. Si vedono benissimo.»

Ho alzato la testa. Il cielo era una coperta nera piena di diamanti. Un milione, un miliardo di stelle, più di quante ne avessi mai viste in tutta la mia vita. Ho sorriso, un sorriso vero, che mi è venuto da dentro. Ho chiuso gli occhi e ho aperto le braccia, come se potessi abbracciarle tutte.

La jeep si è fermata al limitare di una baia tranquilla, dall'altra parte dell'isola. Siamo scesi. C'era un fiume che scendeva dalla montagna e si tuffava nel mare calmo. L'acqua rifletteva il cielo stellato, le fronde degli alberi. Era un posto incantato.

«Che dici?» mi ha chiesto Victor.

«Bellissimo» ho risposto, con la voce piena di meraviglia. Il mio cuore batteva forte, e non solo per la bellezza del posto. Batteva perché ero lì con lui, lontano da tutto. In quel momento, guardando il suo sorriso mentre indicava il fiume, mi sono chiesta cosa stava diventando questo ragazzo per me. Qualcosa di entusiasmante, complicato e decisamente spaventoso.

32
Rosa

Siamo rimasti a guardare il fiume che si gettava nel mare in silenzio e le stelle che si specchiavano nell'acqua scura. Per la prima volta da quando ero su quell'isola, ho sentito che il mondo si era fermato. Quello era un posto che non c'entrava niente con il resto della mia vita; un angolo segreto che, in quell'istante, apparteneva solo a noi due.

«Che dici?» mi ha chiesto Victor.

«Bellissimo» ho risposto, e la mia voce era un soffio.

Lui ha sorriso e gli si sono accesi gli occhi. Poi, con una lentezza che mi ha fermato il respiro, si è tolto la maglietta, l'ha lasciata cadere sulla sabbia. Si è sfilato i pantaloni ed è rimasto in boxer, con il suo corpo asciutto e forte che sembrava scolpito nel buio, illuminato solo dalla luce fredda delle stelle.

«Forza» ha detto. Un invito sussurrato dal vento.

«Che fai?» gli ho chiesto, e la mia non era solo una domanda. Era una vertigine.

Lui non mi ha risposto. Ha preso una piccola rincorsa e si è tuffato. Il rumore del suo corpo che squarciava l'acqua mi è arrivato dritto allo stomaco. È riemerso poco più in là, con i capelli bagnati incollati alla fronte e le gocce d'acqua che gli scivolavano sul petto.

«Sei pazzo? Fa freddo!» ho gridato, ma stavo ridendo, e non sapevo perché.

«Ma che freddo! Vieni!»

Sono rimasta ferma. Adesso dovevo spogliarmi? Davanti a lui? L'idea mi faceva sentire nuda, scoperta, vulnerabile. Ma poi ho visto il suo sguardo che mi aspettava, dove non c'era malizia, solo un invito a raggiungerlo in quel mondo segreto che lui aveva creato per noi. "Non aver paura" mi sono detta. "Per una volta, non avere paura."

«Dai! Non mi far fare il bagno da solo!»

E allora l'ho fatto. Ho lasciato cadere tutto: i freni, i muri, la paura. Ho smesso di essere la figlia di Don Salvatore, la prigioniera, Rosa Ricci. Per un attimo, sono stata solo Rosa. Mi sono spogliata in fretta, con la pelle d'oca per il freddo e per l'emozione, sono rimasta in slip e reggiseno e con una rincorsa disperata mi sono buttata anche io.

L'acqua era gelida: uno schiaffo che mi ha tolto il fiato e mi ha fatta tornare viva. Ho nuotato per scaldarmi e lui mi ha raggiunta, silenzioso come un'ombra.

«Allora?» mi ha chiesto. La sua voce era profonda nell'oscurità.

«Allora sto congelando!» ho risposto per finta; ma la mia voce tremava per davvero.

Lui si è avvicinato, protettivo.

«Vieni.»

Eravamo faccia a faccia, così vicini che il suo respiro si mescolava al mio. Sentivo il calore del suo corpo che vinceva il freddo dell'acqua. Mi ha stretta in un abbraccio e io ho sentito i suoi muscoli tesi sotto le mie mani, la sua pelle bagnata contro la mia. All'inizio ho provato a sciogliermi da quell'abbraccio, per gioco, ma lui mi ha trattenuta con una dolcezza decisa e io ho smesso di lottare. Mi sono abbandonata. Siamo rimasti così, a guardarci negli occhi, e ho sentito un desiderio così forte che mi ha fatto paura, un'attrazione che andava oltre la pelle, che mi chiamava da un posto profondo e sconosciuto del mio cuore.

Senza più parlare, ha accorciato la distanza. Ho sentito le sue labbra sulle mie.

È stato un bacio che sapeva di sale, di salvezza, di rinascita. All'inizio era lento, tenero, poi è diventato più profondo, più affamato. Come se volesse respirare da me, come se fossi l'unica cosa vera in un mondo di bugie. E io l'ho baciato allo stesso modo, quasi con angoscia, aggrappandomi a lui, lasciando che le mie mani si perdessero tra i suoi capelli bagnati, dimenticando chi eravamo, dove eravamo. La corrente ci ha spinti piano verso la riva, dove l'acqua era più bassa. Il suo trasporto mi ha travolta, il suo corpo premeva contro il mio, il suo calore mi incendiava. Per un attimo stavo per cedere, per annegare in quella passione, per lasciarmi andare del tutto…

Ma qualcosa dentro di me si è spezzato. L'immagine del faro, della cella, di mio padre che forse dopo quel video sarebbe venuto finalmente a riprendermi. La paura.

«Fermo, Victor. Non voglio» ho ansimato, appoggiando la fronte sulla sua spalla.

Lui si è bloccato all'istante. Si è staccato da me, con un rispetto che mi ha colpita quasi più della passione. Mi ha guardato, aspettando.

«Mi piaci tanto, Victor» gli ho detto, e ogni parola era una confessione dolorosa e sincera. «Ma non sono ancora pronta.»

Lui mi ha sorriso con una tristezza che capivo. Mi ha dato sulla fronte un bacio leggero, che non chiedeva niente e siamo rimasti abbracciati così, nell'acqua bassa che ci bagnava appena. Allora io ho pensato che forse anche nell'inferno a volte si può trovare un pezzetto di paradiso. Ma se sai già che quel paradiso presto lo dovrai lasciare, o almeno così speravo, il cuore non trova pace.

33
Rosa

Siamo usciti dall'acqua tremando per il freddo, ma non ci siamo rivestiti subito. Siamo rimasti seduti uno accanto all'altra sulla riva del fiume, con addosso solo le giacche per ripararci. Il silenzio adesso era diverso, più comodo. Pieno dell'eco del nostro bacio.

Io guardavo l'acqua scura che scorreva lenta verso il mare, e pensavo che avrei voluto essere uguale a lei. Leggera, limpida, con una forma che si adatta a tutto e può andare dove vuole, senza fermarsi, fino a perdersi nell'orizzonte. E per la prima volta ho dato voce a un mio sogno segreto, uno di quelli che non avevo mai detto a nessuno, nemmeno a Ciro.

«L'altra notte ho sognato che stavo a New York...» gli ho detto piano.

«A New York? E che ci facevi a New York?» mi ha chiesto lui, girandosi a guardarmi.

«Ci vivevo» ho risposto. «La sogno spesso. Mi piacerebbe tanto andarci.»

«Neanche io ci sono mai stato.»

«Mi piace che è lontana da tutto. E da tutti» ho continuato, quasi parlando a me stessa. Poi l'ho guardato. I suoi occhi mi fissavano con un'intensità che mi ha dato coraggio. «Ci andiamo insieme, un giorno?»

La domanda mi è uscita prima che potessi fermarla. Era una domanda stupida, impossibile. Ma l'ho detta lo stesso.

Lui non ha riso. Mi ha stretta a sé, con un braccio, e mi ha tirata vicino al suo petto.

«Ho detto una cosa stupida, mi sa» ho sussurrato, imbarazzata.

«È bella invece» mi ha risposto, la sua voce calda vicino al mio orecchio. «Un giorno ci andremo.»

E io gli ho creduto. In quel momento, su quella riva nascosta, con il cielo pieno di stelle sopra di noi, ho creduto davvero che potessimo andare a New York insieme. Che potessimo avere una vita diversa.

«Vorrei poter fermare il tempo, adesso» gli ho detto. «Con una magia.»

Ho fatto un piccolo gesto con la mano, come per fermare davvero il mondo. Lui ha sorriso, e questa volta il suo sorriso era triste.

«Il tempo non si può fermare, Rosa. Tra poco tuo padre e Agustìn si metteranno d'accordo. E tu tornerai a casa.»

Tornerai a casa: quella frase mi è caduta addosso e ha rotto l'incantesimo. Mi ha ricordato chi ero, dov'ero. Il sogno è svanito, lasciando solo la realtà: quella non era casa mia; era la mia prigione. Ho visto un'ombra passare sul suo viso.

«Che hai?»

Lui ha esitato, si è vergognato un po'. «Niente. È che sarò triste quando te ne andrai.»

Le sue parole mi hanno colpita dritta al cuore. Nessuno mi aveva mai detto una cosa così. Così semplice, così vera. Senza pensare, mi sono avvicinata e l'ho baciato. Un bacio leggero, sulle labbra, solo per dirgli grazie. Lui ha ricambiato e io ho posato la testa sulla sua spalla. Siamo rimasti così, in silenzio. Ma sentivo che era inquieto, turbato. Il nostro momento era finito.

«Dobbiamo tornare» ha detto, alla fine.

E mentre ci rivestivamo, mentre tornavamo verso la jeep e verso il faro, ho capito che forse tra noi stava nascendo un amore. Non uno di quelli normali, dolci, tranquilli. No. Uno di quelli impossibili. Quelli che fanno più male.

34
Rosa

Stavamo tornando. Il vento della libertà, quello che poco prima mi sbatteva in faccia e mi faceva sentire viva, adesso era diventato un vento freddo, pieno di paura. La jeep correva nel buio, e il faro – la mia prigione – si avvicinava sempre di più. Ogni metro che facevamo era un passo indietro, un ritorno all'inferno.

Eravamo a poche decine di metri dal cancello quando ho visto un altro paio di fari, fermi, che tagliavano la notte. Una macchina. Il mio cuore ha smesso di battere.

«Cazzo» ha sibilato Victor, frenando di colpo.

Era Moreno. Era lì, stava entrando nel nostro cancello. Nel mio cancello.

«Che facciamo?» ho chiesto in un sussurro. Il panico mi stava salendo in gola, una cosa acida e soffocante.

«Non posso fermarmi!» ha risposto lui, con la stessa paura nella voce.

Non c'era tempo per pensare. Ho fatto l'unica cosa possibile. Mi sono buttata sui sedili di dietro, rannicchiandomi per terra. Victor ha afferrato gli asciugamani che avevamo usato, ancora umidi, e me li ha lanciati addosso. Il loro odore di fiume e di noi due era l'unica cosa che mi confortava in quel buio improvviso.

La jeep ha ripreso a muoversi, piano. Sentivo le ruote sulla ghiaia. Ho chiuso gli occhi, trattenendo il respiro. Sentivo le loro voci, parlavano in spagnolo e io ormai non facevo fatica a capire cosa si dicevano; compreso il fatto che per me la voce di Victor era calma, troppo calma. Ero sicura che stava recitando una parte.

«Ciao Moreno.»

«Da dove vieni?»

«Ho fatto un giro.»

Ho sentito il peso dello sguardo di Moreno sulla macchina. Sapevo che stava guardando dentro, che stava cercando qualcosa. "Non mi vedere" pregavo in silenzio. "Ti prego, non mi vedere."

«Un giro dove?»

Ho sentito il cuore di Victor battere all'impazzata, anche se lui era fuori. Lo sentivo io, per lui.
«A fare un bagno...»

Silenzio. Un silenzio che è durato una vita intera. Poi ho sentito i passi di Moreno che si allontanavano, verso il faro. E subito dopo quelli di Victor che lo seguiva. Mi ha lasciata lì. Sola, nascosta sotto un asciugamano. Ho aspettato un secondo, due. Poi, veloce e silenziosa come un gatto, sono sgusciata fuori dalla macchina. L'aria fredda della notte mi ha colpita di nuovo. Sono corsa verso la mia cella, senza fare rumore, il cuore che mi scoppiava nel petto.

Mi sono infilata sotto le coperte, senza nemmeno togliermi i vestiti. Ho chiuso gli occhi, fingendo di dormire. Ma li sentivo arrivare. Le loro voci, sempre più vicine.
«Dove vai?» era Victor.
«A controllare la ragazza» era Moreno.
«Vado io se vuoi.»
«Perché ci tieni tanto?»

Ho sentito un brivido. "Stai zitto, Victor" ho pensato. "Non dire niente di stupido."
«L'ho promesso ad Agustìn. Ti accompagno.»

Ho sentito i loro passi fermarsi davanti alla mia porta. La luce si è accesa, una lama che mi ha tagliato le palpebre chiuse. Ho continuato a fingere, respirando piano. La porta della cella era aperta e buia. Moreno si è sporto dentro, ma non ha visto nessuno. La cella era vuota. Ho sentito il panico nella voce di Victor dietro di lui.

«Dove cazzo è?» ha chiesto Moreno, furioso.

È stato allora che sono apparsa, uscendo dall'angolo buio vicino all'entrata.

«Cosa volete?» ho chiesto, con la voce impastata di un sonno che non avevo.

Moreno mi ha squadrata, gli occhi stretti. Si è avvicinato, mi ha afferrata per un braccio, mi ha annusata come un cane. «Anche tu eri a fare un giro, eh?» ha detto, con un tono di accusa. Mi sono staccata dalla sua presa con uno strattone, guardandolo con tutto l'odio che avevo. Per un secondo, i nostri sguardi si sono scontrati in una battaglia silenziosa. Poi sono entrata nella mia cella, senza dire più niente. Prima di richiudere la porta, ho incrociato per un attimo gli occhi di Victor. Erano pieni di paura, ma anche di qualcos'altro. Sollievo.

Ero salva. Per un pelo. Ma la paura non se n'era andata. E poi, le ultime parole di Moreno a Victor, appena fuori dalla porta, mi sono arrivate chiare, come una minaccia.

«Tu cosa fai, rimani?»

Non ho sentito la risposta di Victor. Ma ho sentito un freddo nuovo, diverso. Il freddo del sospetto. Moreno aveva capito. Aveva capito tutto. E adesso, anche Victor era in pericolo.

E la colpa era solo mia.

35
Don Salvatore

Il deposito delle cassette di sicurezza alla stazione era un purgatorio di metallo e cemento. Un labirinto di corridoi grigi e di silenzi, dove la gente viene a seppellire i propri segreti. Ma io ero lì per disseppellire la vita di mia figlia, per ricomprarmela come fosse merce. Un'idea così mostruosa da farmi venire voglia di urlare, ma l'urlo mi si spegneva dentro.

Guardando il telefono ho seguito le istruzioni che mi avevano dato: ogni passo un'agonia. Ho trovato la cassetta, la 713; un numero qualunque, che da oggi sarebbe stato per me la combinazione dell'inferno. Ho inserito la chiave, fredda come un bisturi, con il cuore che sbatteva dolente e sfinito nel petto. Quando ho aperto lo sportello di metallo, dentro c'era un cellulare. Un pezzo di plastica che teneva in ostaggio la mia anima. L'ho preso, le mani mi tremavano di una scossa che partiva dal profondo. Ho messo le cuffie che erano attaccate, un gesto meccanico per isolare quel supplizio, per non far sentire a nessuno la voce della mia bambina, per tenerla solo per me. Ho fatto partire il video e l'ho vista. Rosa.

Il mio cuore non si è fermato. Si è frantumato in un milione di schegge. Il suo viso ha riempito lo schermo, e io l'ho visto subito, l'ho sentito nelle mie ossa di padre: aveva appena pianto. I suoi occhi erano gonfi, cerchiati di un rosso che parlava di lacrime segrete e disperate. E poi l'ho visto. Un livido sulla guancia, un'ombra viola, malata, sulla sua pelle perfetta. Un calore feroce, una bile nera mi è salita dal petto, una rabbia così pura e assoluta da farmi tremare.

Chi aveva osato? Chi era l'infame senz'onore che aveva posato le mani su di lei?

I miei occhi cercavano di guardare oltre la sua figura, di capire dove fosse. Ma dietro c'era solo un muro bianco, sporco, anonimo. Niente. Nessun indizio. E i suoi vestiti… quella maglia grigia non era sua. Troppo grande, informe. Di chi erano quegli stracci? Gliel'hanno strappati i suoi? Come la stanno trattando? Chi si occupa di lei? Un mostro con le mani sporche che ora la tocca, la spinge, la maltratta? Chi le dice di mangiare la sera, quando fa i capricci perché una cosa non le va? Ero sempre io a convincerla, con un gioco, una promessa. Chi lo fa adesso? La lasciano sola, a digiuno, in un angolo?

Era terrorizzata. Provava a nasconderlo, povera anima mia, ma io la conosco. Conosco ogni respiro di mia figlia, conosco la luce e le ombre nei suoi occhi. Ho visto la paura vera, quella che ti gela il sangue, nel modo in cui le sue labbra tremavano un istante prima di parlare.

Poi ho sentito la sua voce, una pugnalata. Rotta, sottile, che recitava una bugia imparata a memoria.

«Papà sto bene. Fai quello che ti dicono loro, dagli quello che vogliono, ti prego.»

«Sto bene.» Una menzogna che era un grido d'aiuto. Le sue parole mi stavano dicendo l'esatto contrario. Mi stavano urlando: «Papà, sto male. Papà, mi fanno male. Papà, ho paura. Papà, vienimi a prendere, ti supplico». La registrazione si è interrotta. Lo schermo è diventato nero, ma io continuavo a vedere la sua faccia, i suoi occhi spaventati che mi imploravano. I miei si sono riempiti di lacrime di rabbia. Un misto di sollievo immenso, perché era viva, e di una furia così profonda da sentirla nelle ossa. Un'ondata di acido mi ha corroso lo stomaco. Era viva, sì, ma stava soffrendo. E la colpa, ogni singola stilla del suo dolore, era solo mia.

«Bastardi!» ho mormorato, un sibilo carico d'odio. «Ci vediamo presto, amore mio» ho aggiunto, come una promessa, un giuramento di sangue.

Ho lasciato le valigette e la sacca nella cassetta. Tutto quanto. Tutti quei soldi, quei diamanti, quei gioielli erano un insulto, adesso. In cambio ho messo in tasca il cellulare. L'immagine di mia figlia, il suo dolore, erano l'unica cosa che contava, l'unica moneta che avrei usato. Uscendo, i miei occhi hanno incontrato quelli di Tony, e in quello sguardo non c'era più solo angoscia, ma una certezza gelida e tagliente. Adesso sapevo che era viva. E sapevo che non avrei semplicemente raso al suolo il mondo intero. Lo avrei incendiato con le mie stesse mani, per riportarla a casa.

36
Victor

Quando Moreno mi ha detto che Agustìn mi voleva alla villa, il sangue mi si è gelato. Ho pensato subito a una cosa sola: la baia. Quella notte con Rosa. Moreno ci ha visti? Qualcuno ha parlato? “Adesso mi ammazza” ho pensato, mentre camminavo verso la jeep. “Mi ammazza come ha fatto con Gabriel.” Ogni passo verso la villa era un passo verso la mia tomba, e sentivo il panico stringermi la gola.

Ma quando sono entrato in cucina ho visto i soldi. Erano lì, sul tavolo, dentro a delle valigette aperte: pile e pile di banconote, più un sacchetto pieno di diamanti che brillavano anche nella luce fioca della stanza. Non avevo mai visto così tanti soldi tutti insieme in vita mia. Mi è mancato il fiato. Era una montagna. Era il prezzo di una vita.

Agustìn era lì con Juanito, uno dei suoi soci. Mi ha guardato, con quel suo solito sorriso da padrone del mondo.

«Hai visto quanto vale la ragazza?» mi ha chiesto.

Le sue parole erano uno schiaffo. “Lei non ha un prezzo” ho pensato. La sua faccia mi è apparsa davanti agli occhi: il modo in cui mi aveva guardato nella baia, la sua pelle bagnata sotto le stelle, i brividi che avevo provato avvicinandomi alla sua bocca. Ho annuito, cercando di non fargli vedere il fastidio che provavo.

Loro hanno continuato a parlare, e io ascoltavo in silenzio, immobile. Parlavano di produzione da aumentare, di come spremere ancora l’italiano. Dicevano che Don Salvatore avrebbe fatto qualsiasi cosa per riavere sua figlia. “Qualsiasi cosa” ho pensato, e ho capito che non sarebbe finita con quei soldi. Agustìn non si sarebbe fermato.

Poi Juanito ha fatto la domanda.

«Pensi che abbia ancora soldi?»

Agustìn ha fatto una piccola pausa. Ha guardato prima me, poi Moreno, che stava fermo in un angolo come un avvoltoio pronto a fiondarsi sulla sua preda al segnale del capo.

«Secondo me sì» ha risposto, con una calma che mi ha gelato. Poi si è rivolto a me con lo stesso tono che avrebbe usato per ordinarmi di pulire le armi o dare da mangiare ai cani. «Ma appena li finisce ci sbarazziamo subito della ragazzina.»

Ho rivisto il lampo del coltello di Agustìn, il corpo di Gabriel che cadeva sul marmo bianco della villa. Ho sentito di nuovo quel silenzio, rotto solo dal suo respiro che se ne andava. Ho rivisto il sangue che si allargava sul pavimento. Agustìn non scherza mai quando parla di morte e adesso aveva pronunciato la stessa condanna per lei. Per Rosa.

Lo guardavo, con gli occhi fissi sulle sue mani che si muovevano e i lampi di luce dell'anello che portava al mignolo. L'anello della sua forza, del suo potere, del suo dominio su tutti noi. Era lui a decidere se una persona che metteva piede sull'isola sarebbe morta o avrebbe continuato a vivere e anche la mia esistenza era nelle sue mani. D'altra parte, lo era stata fin dall'inizio. Per me Agustìn era sempre stato tutto. Un mostro, sì, ma un mostro onnipotente. Mi aveva preso dalla strada quando ero un bambino, mi aveva dato un nome, un lavoro, una vita che diversamente non avrei mai avuto. In un certo senso, mi aveva creato lui. E adesso l'unico desiderio che avevo nel cuore, l'unico progetto per il mio futuro, era tradirlo. Stavo per distruggere l'unica cosa che mi aveva tenuto in piedi. Ma poi ho pensato a Rosa, al suo viso mentre parlava della madre, al suo bacio che sapeva di sale e di speranza, alla voglia disperata che avevo di lei. E ho capito che la vita che mi aveva dato Agustìn era una bugia, una prigione dorata. Quella che stavo intravedendo con lei, invece, era tutto vero.

Ho dovuto fare uno sforzo enorme per rimanere impassibile, per dissimulare il terrore e la ribellione che mi stavano soffocando. Moreno mi ha lanciato un'occhiata e un sorrisetto provocatorio, come per dire: "Visto? Questo è il nostro mondo, ragazzo". Ho annuito ad Agustìn, con l'obbedienza di un soldato che ha appena ricevuto un ordine.

«Va bene» ho detto, e la mia voce suonava quella di un estraneo.

Sono uscito da quella stanza, ma non ero più lo stesso di quando ero entrato. Il sogno di Napoli era già morto da tempo, insieme a Gabriel. La lealtà verso Agustìn, adesso, era solo la catena di uno schiavo. In quel momento l'unica cosa che contava, l'unica cosa per cui valeva anche la pena morire, era lei. Dovevo salvarla. A qualunque costo.

37
Rosa

Il vento mi scompigliava i capelli, facendomeli volare sugli occhi. Ero seduta sugli scogli, nello stesso punto dove quella volta avevamo mangiato insieme il suo panino. Guardavo l'orizzonte, dove la grande nave merci si stava avvicinando al porto dell'isola. Era un appuntamento fisso, una certezza in un mondo che per me non ne aveva più. Quella nave rappresentava tutto quello che non ero: libera, in movimento, con una destinazione. Io invece ero ferma, bloccata, incatenata a quello scoglio. Pensavo a Victor, a quello che era successo tra noi. La sua confessione, il nostro bacio nella baia… erano ricordi pericolosi, che mi davano calore e terrore allo stesso tempo.

Prima ancora di vederlo l'ho sentito arrivare. Correva, con il fiatone. Mi sono girata di scatto. Era sovreccitato, con gli occhi spalancati: mi sembravano pieni di un'emozione nuova, urgente.

«Rosa!»

Si è fermato davanti a me, appoggiando le mani sulle ginocchia per riprendere fiato.

«Ti ci porto, se vuoi» ha detto, tutto d'un fiato.

«Dove?»

«In America. A New York!»

L'ho guardato e il cuore ha iniziato a battermi forte, ma non per la speranza. Per la confusione. Era impazzito?

«Ma che dici?»

«Sì! Partiamo subito. Domani.»

Era una follia. Non aveva senso. Mi sono alzata in piedi, la diffidenza che tornava a mordermi. "È un'altra trappola" ho pensato. "Un altro gioco di Agustìn."

«Che succede Victor? Mio padre non ha pagato?»

Lui ha esitato. Ha distolto lo sguardo per un secondo, e in quel secondo ho capito che mi stava nascondendo qualcosa di terribile.

«Non lo so, ma la situazione si sta complicando. Non puoi aspettare, Rosa. Fidati di me.»

«Fidati di me.» Nessuno me l'aveva mai detto. Non in quel modo. La gente come noi non si fida; al massimo obbedisce. Ma lui non mi stava dando un ordine. Mi stava facendo una richiesta. Mi stava chiedendo di mettere la mia vita nelle sue mani.

«Devi scappare» ha continuato, affannato. «Scappiamo insieme! Ce ne andiamo in America. Dove volevi andare tu!»

Sono rimasta a fissarlo, presa alla sprovvista. La mia testa ragionava velocemente: cercava l'inganno, la fregatura. Ma i miei occhi vedevano solo la disperazione e la sua sincerità. E allora ho fatto l'unica cosa che mi è venuta in mente. Mi sono avvicinata e l'ho baciato.

È stato diverso da quello nella baia. Questo era un bacio di paura, di decisione. Un bacio per dire sì, per dire: "Ok, sono pazza come te. Facciamolo". Lui ha ricambiato per un attimo, sorpreso, poi si è staccato, anche se ho capito che non voleva.

«Non possiamo. Potrebbe vederci qualcuno.»

Ho annuito. Ho guardato per terra e, con un dito, ho scritto sulla polvere: TI AMO. Un segreto tra me, lui e quella terra maledetta.

Ho visto i suoi occhi riempirsi di una felicità così grande che mi ha fatto male.

«Anche io» ha sussurrato.

Ha indicato la nave all'orizzonte.

«Dobbiamo prendere quella nave prima che riparta, dopodomani. Ci facciamo tutto l'oceano. Salirci non sarà difficile, basta nascondersi in uno dei camion che si imbarcano… Prima che qualcuno si accorgerà che siamo spariti passeranno ore, tu sei affidata a me. Gli uomini di Agustìn cominceranno a cercarci per l'isola. E noi saremo già in alto mare.»

Il suo piano era folle, pieno di rischi. Ma era un piano. Era una via d'uscita. Il mio sguardo si è perso in quella proiezione bellissima. Poi sono tornata alla realtà.

«E tu? Abbandoni Agustìn?»

Era la domanda più importante. Dovevo sapere perché lo stava facendo.

Lui si è preso un momento. Poi mi ha guardata dritto negli occhi, e la sua risposta è stata la cosa più vera che avessi mai sentito.

«Io voglio stare con te.»

Mi ha porto la mano, con il cuore in tumulto. E io, la ragazza che non si fida di nessuno, l'ho stretta forte. In quel preciso momento, ho deciso di credere in un sogno.

38
Don Salvatore

La rabbia, certe volte, la puoi tenere al guinzaglio. La controlli, la gestisci, la usi quando serve. Ma quella notte era lei che mi aveva divorato. Il mio studio, il mio regno, era diventato una prigione. E io ero il leone in gabbia, che sbatteva contro le sbarre.

Il telefono era ancora lì, sul tavolo, scuro e silenzioso. Ma io continuavo a sentire le sue parole. Le sue pretese. Altri soldi. Quel bastardo di Agustìn non si accontentava. Voleva prosciugarmi, voleva umiliarmi, voleva tutto. E io non potevo fare niente. Niente, se non pagare. E aspettare.

Quel pensiero mi è entrato dentro come una lama. L'impotenza è un veleno, per un uomo come me. Ho afferrato la sedia della scrivania e l'ho scagliata con tutta la forza che avevo contro la finestra, mandandola in frantumi. Il rumore del vetro mi ha dato un secondo di sollievo, ma è stato soltanto un secondo. Poi ho iniziato a distruggere tutto quello che trovavo, tavolini, soprammobili, tutto quello che rappresentava una vita che non era più la mia.

«Don Salvatore, fermatevi.»

Era entrato Tony, e la sua faccia era una maschera di preoccupazione. Ha provato a tenermi stretto, ma io l'ho spinto via. Ho preso il tavolino basso davanti al divano e l'ho lanciato contro il muro.

«Fermo, fermo!» mi ha gridato, mettendomisi davanti.

Mi sono bloccato, con il respiro affannoso, il cuore che mi martellava nel petto. Mi sono guardato intorno. Il disastro. Il mio disastro.

«Che altro è successo?» mi ha chiesto, con la voce bassa.

«È arrivato mo' un messaggio di Agustìn... Vogliono altri soldi» ho ansimato, lasciandomi cadere sul divano, in mezzo ai cocci.

Tony mi ha guardato, senza sorpresa. Lui lo sapeva, lo sapeva dall'inizio che sarebbe andata così. Ha scosso la testa, e in quel gesto c'era tutta la nostra sconfitta. Ho chiuso gli occhi, ma non serviva a niente. Vedevo solo la faccia di Rosa. La sua faccia spaventata, nel video che mi avevano mandato.

Disperato, ho preso il cellulare dalla tasca. L'ho riacceso e ho fatto partire di nuovo quel video maledetto. Il livido sulla sua guancia, gli occhi gonfi. La sua voce rotta che mi pregava di pagare sforzandosi di non farmi preoccupare. L'ho guardato una volta. E poi un'altra. E un'altra ancora. Ossessionato. Ogni volta era una coltellata. Ma era l'unico modo per sentirla vicina. L'unico modo per alimentare il fuoco che mi teneva ancora in piedi. Il fuoco della mia vendetta.

39
Rosa

La notte prima della fuga non ho chiuso occhio. Ero sdraiata sulla branda, ma il mio cuore era un tamburo impazzito. Sentivo il rumore del mare, ma per la prima volta non mi faceva paura. Era il suono della mia libertà che si avvicinava. Pensavo a New York, a una vita nuova, a me e Victor. Un sogno così bello da sembrare finto.

Ci siamo incontrati poco prima dell'alba, in un punto nascosto dietro la rimessa. Lui era già lì che mi aspettava. Aveva uno zaino in spalla con dei vestiti più pesanti, per la moto con cui era arrivato.

«Dai, dai, andiamo» mi ha detto mentre mi infilavo i jeans e il giubbotto scuro, e i suoi occhi brillavano nel buio.

Ho annuito, ma dentro di me qualcosa ha iniziato a tremare. Non era paura. Era qualcos'altro. Qualcosa di vecchio e freddo, che mi sussurrava all'orecchio. E in quel momento, il veleno ha iniziato a fare effetto. La sua gentilezza, la sua sicurezza, mi sono sembrate false. Ho guardato i suoi occhi, e per la prima volta da giorni non ho visto il ragazzo che mi aveva salvata, ma il soldato di Agustìn. Il mio carceriere. «Fidati di me» mi aveva detto. Ma come potevo? Sono una Ricci. E i Ricci non si fidano di nessuno.

La voce di mio padre mi è tornata in testa. Era come averlo accanto. «Non ti fidare mai.» E poi la voce di Ciro. «Siamo noi contro il mondo intero.» Loro non si sarebbero mai fidati. Loro non sarebbero mai scappati con un nemico. E io cosa stavo facendo? Stavo tradendo la mia famiglia, il mio sangue, per un sogno impossibile.

Si è voltato per salire sulla moto, dandomi le spalle. Si fidava ciecamente di me; e sbagliava.

Ho preso il bastone che avevo recuperato la sera prima dalla rimessa e l'ho colpito forte, da dietro, sulla nuca. Ho sentito il rumore sordo, e anche senza vederli ho immaginato i suoi occhi aprirsi di colpo, pieni di sorpresa e di dolore. Ha barcollato, si è voltato un po' per guardarmi senza capire, poi è crollato a terra, svenuto.

Io sono rimasta a fissarlo, con il bastone in mano e il cuore che mi martellava nel petto. "L'ho fatto" ho pensato. "L'ho fatto davvero." Ho gettato via il bastone, con le mani che mi tremavano così tanto che non riuscivo a controllarle.

Ho agito in fretta, con una freddezza che non sapevo di avere. Gli ho frugato nelle tasche e ho trovato le chiavi della moto. Poi mi sono inginocchiata accanto a lui. Il suo viso era sereno, quasi da bambino, nonostante il sangue che iniziava a uscirgli dalla testa. Gli ho accarezzato la guancia, e sulla punta delle mie dita c'era un dolore così grande che mi ha spezzato il fiato. Infine gli ho dato un ultimo bacio d'addio, pieno di tutto il mio rimorso.

"Scusami, amore mio" ho pensato. "Ma io mi devo salvare da sola."

Mi sono alzata, ho preso lo zaino, cercando disperatamente un telefono che non c'era, e sono corsa verso la moto. Da lì, non mi sono più girata indietro. Sapevo che se l'avessi fatto, sarei tornata da lui. E non potevo permettermelo. Dovevo essere una Ricci. Fino in fondo.

40

Rosa

La moto era pesante, più grossa di quelle che usavamo a Napoli. Ho infilato la chiave che avevo rubato a Victor e l'ho girata. Il motore ha tossito una volta, poi è partito con un urlo nel silenzio dell'alba.

La mano sulla frizione, il piede sul cambio: i gesti sono venuti da soli, istintivi. Ho sentito la voce di Ciro nella testa, come tutte le volte che mi aveva fatta provare di nascosto nel cortile di casa: «Frizione, prima, e dai gas piano, Rosa, piano». "Grazie, Cirù" ho pensato. "Anche da là dentro, mi stai salvando la vita."

Ho aperto il gas sperando che la velocità potesse portarsi via i pensieri, che potesse strapparmi di dosso il suo ricordo. Ma era inutile. La sua faccia era lì, davanti a me, sulla strada sterrata. Ogni sasso, ogni buca, era un colpo al cuore. Ho sbandato paurosamente, la ruota di dietro ha perso aderenza e per un attimo ho visto la mia vita finire lì, in mezzo a quella polvere. Ma con un colpo di reni, ho raddrizzato la moto. Non potevo morire. Non ancora. Proprio adesso no.

Dopo un tempo che mi è sembrato infinito, mi sono bloccata: non capivo più dove andare per seguire la strada e mi sono fermata, incerta. Eh no. Non c'erano altre vie. Dovevo passare per forza da lì.

Allora ho ripreso ad andare, piano, cercando di non fare rumore, ma non è servito a niente. Ero andata a finire in una cava di marmo e da dietro un edificio è saltato fuori un cane. Era legato a una catena lunga, ma questo non gli ha impedito di lanciarsi verso di me, abbaiando con una ferocia che mi ha fatto morire di paura.

Ho frenato di colpo per evitarlo. La ruota davanti si è bloccata, la moto si è messa di traverso e io sono caduta a terra, con un rumore di ferro che si piega. Sono rimasta lì, per un secondo, con il fiatone, il dolore a una spalla. Mi sono rialzata subito. Ho provato a tirare su la moto. Era pesante, e la caduta le aveva storto il manubrio. Non ce l'avrei fatta.

Mentre il cane continuava ad abbaiare, la porta dell'edificio si è aperta. È uscito un uomo. Vecchio, sui settant'anni, con la faccia piena di rughe. All'inizio mi ha fatto un cenno di saluto, sorridendo. Ma io sono una Ricci, e mi hanno insegnato che tante volte i sorrisi degli estranei sono più pericolosi dei coltelli che possono avere addosso.

L'uomo si è avvicinato, con quel suo sorriso pieno di rughe. Sembrava uno di quei nonni che vedi seduti fuori al bar. Ma i suoi occhi erano piccoli e furbi, e non sorridevano per niente.

«Posso aiutarti?» mi ha chiesto in spagnolo.

Io ho sorriso, per non fargli capire che avevo paura.

«Gracias, no tengo problema» ho risposto, mentre provavo ancora a tirare su la moto, senza riuscirci.

Lui ha continuato ad avanzare verso di me, minaccioso.

«Sicura che non hai bisogno?»

Mi sono bloccata. Ero in trappola. Di nuovo.

«Non capisco cosa dici. No intendo...»

Lui ha sorriso, un sorriso cattivo questa volta. «Di dove sei? Italiana vero?»

Mentre lo diceva, con un movimento veloce ha tirato fuori una pistola da dietro la schiena e me l'ha puntata addosso. Mi si è avvicinato e mi ha afferrata per un braccio.

«Cosa fai? Non farmi male.»

Lui mi ha strattonata, facendomi cenno con la pistola di andare verso l'edificio. Ho iniziato a camminare piano, lentissima, cercando di pensare. "Pensa, Rosa, pensa."

«Più veloce» mi ha ordinato.

Ho continuato a camminare con la stessa lentezza. Lui, irritato, si è avvicinato e mi ha spinta con la canna della pistola sulla schiena.

«Hai sentito?»

41
Rosa

Quel contatto freddo e duro è stato la scintilla. Tutta la paura si è trasformata in rabbia. Con una mossa fulminea, che non sapevo nemmeno di avere, mi sono girata e l'ho colpito con un calcio, con tutta la forza che avevo, proprio sulla mano che teneva l'arma. Lui è caduto a terra, perdendo la pistola che è rotolata sulla polvere bianca. Sono stata più veloce di lui. Mi sono buttata, l'ho afferrata e gliel'ho puntata contro. Era pesante, fredda. Non ne avevo mai tenuta una vera in mano. Avevo visto quelle di papà, di Ciro, di Pietro. A casa nostra facevano parte dell'arredamento come i piatti in cucina. Ma tenerla era diverso. Mi sembrava di tenere in mano tutto il peso del mio nome.

Lui si stava rialzando a fatica, mi guardava con un odio puro.

«Hija de puta!»

«Calmo, no problema, no quiero de hacerte male...» ho detto, con la voce che mi tremava, ma la mano che teneva la pistola era ferma.

Lui ha iniziato ad avanzare di nuovo verso di me.

«Fermati o sparo.»

Non mi ha ascoltata. Con un balzo si è avventato contro di me.

Ho chiuso gli occhi e ho sparato.

Il rumore è stato assordante, mi ha spaccato i timpani. La pistola mi ha dato un colpo all'indietro, quasi mi cadeva di mano. E in quel rumore ho sentito morire qualcosa dentro di me. La bambina felice nell'abbraccio della sua mamma. La ragazzina che voleva solo che suo fratello tornasse a casa. Quella Rosa lì, in quel momento, è morta insieme a quell'uomo.

Quando ho riaperto gli occhi, lui era per terra. Si teneva le mani sulla pancia, da cui usciva un sacco di sangue.

Sono rimasta a guardarlo, terrorizzata. Non mi rendevo conto di quello che avevo fatto. Fissavo l'uomo agonizzante a terra. Il sangue. Un lago di sangue. Uguale a quello che avevo sempre avuto paura di vedere addosso a Ciro. E adesso era sulle mie mani. Ero diventata uguale a loro. Ero una di loro. Un'ondata di panico e di pietà mi ha travolta. Ho gettato la pistola, ho preso lo zaino di Victor, ho tirato fuori una maglietta e ho cercato di tamponargli la ferita.

«Non serve, sto morendo...» ha detto, con la voce debole.

Lo guardavo, le lacrime che mi scendevano senza che me ne accorgessi.

«Come ti chiami?» mi ha chiesto.

Ho esitato.

«Voglio sapere il nome di chi mi manda all'altro mondo.»

La sua domanda mi ha trafitta. Chi ero io, adesso? Ero la figlia di mia mamma, quella che contava i colori del tramonto? O la figlia di mio padre, la ragazza che prima o poi doveva imparare a sparare? Ho guardato il suo sangue sulle mie dita. Ho fatto un respiro profondo. Glielo dovevo. Dovevo prendermi la responsabilità di quello che ero diventata.

«Io sono Rosa Ricci.»

Lui ha annuito appena, poi i suoi occhi si sono fatti vuoti. Ha esalato l'ultimo respiro. Era morto.

Con un gesto tremante, gli ho chiuso gli occhi. Ero di nuovo sola, ma questa volta era diverso. Questa volta ero un'assassina.

42
Rosa

Sono rimasta lì immobile a guardare il corpo dell'uomo che avevo ucciso per un tempo che non so calcolare. Il silenzio, dopo lo sparo, era una cosa assordante. C'era solo il vento che fischiava sopra di me. Ero sconvolta, ma una parte di me – una parte fredda e lucida che non sapevo nemmeno di avere – ha preso il controllo. "Pensa, Rosa. Pensa."

Mi sono inginocchiata, mentre il cuore mi martellava contro le costole, e con le mani che tremavano gli ho frugato nelle tasche. Erano ruvide, sapevano di polvere. Ho trovato un mazzo di chiavi, qualche moneta e poi, finalmente, un cellulare. Era vecchio, graffiato, ma io l'ho stretto tra le mani: era il mio tesoro.

Mi sono allontanata, ho premuto il tasto di accensione e lo schermo si è illuminato. Ma in alto, dove dovevano esserci le tacche, c'era solo un cerchio vuoto. Nessun segnale. Ho provato a muovermi, ad alzare il telefono verso il cielo, come se potessi catturare la linea con le mani. Niente. Il panico ha iniziato a salirmi in gola.

Ho dato un ultimo sguardo al cadavere dell'uomo, poi ho iniziato a correre. Ho corso senza meta, per un sentiero che scendeva verso il mare, con lo zaino di Victor che mi sbatteva sulla schiena e la pistola che pesava nella tasca della giacca. Correvo per scappare da lui, da quello che avevo fatto. Correvo per scappare da me stessa.

Con il fiatone e le gambe che non mi reggevano più, ho visto una costruzione diroccata, una vecchia segheria di marmo abbandonata. Mi sono nascosta in un angolo, dietro a una pila di macchinari arrugginiti. Mi sono accucciata a terra, cercando di riprendere fiato. Ho tirato fuori di nuovo il telefono, senza speranza.

E poi l'ho vista. Una tacca. Una sola, piccola, tremolante tacca di segnale. Un sorriso che era quasi una smorfia di dolore e mi ha spaccato la faccia. Ho composto il numero di papà, con le dita che non mi obbedivano, e continuavano a scivolare sullo schermo. L'ho chiamato una, due, tre volte. Poi lui ha risposto.

«Pronto?»

La sua voce è stata una secchiata d'acqua gelida e una coperta calda allo stesso tempo.

«Papà! Papà...» sono riuscita a dire, con la voce rotta dal pianto.

«Rosa! Stai bene?» La sua voce era piena di angoscia, di sollievo, di mille cose insieme.

«Sì, sì, sto bene. Su un'isola, sono riuscita a scappare.»

«Che isola? Dove sei?»

«Non lo so!»

«Dimmi quello che vedi intorno a te, ci sono scritte, segnali?»

Ho guardato fuori, disperata. «Non c'è niente papà! Solo il mare, montagne, una...»

La linea è caduta.

Silenzio. Ho guardato lo schermo. Era diventato nero. Ho provato a riaccenderlo, a premere tutti i tasti. Niente. La batteria era scarica. Morto.

Ho lanciato un urlo. Un urlo di rabbia e di disperazione che è rimbalzato contro i muri di quella segheria schifosa. Ho scagliato il telefono per terra, l'ho visto andare in mille pezzi. Mi sono guardata le mani. Erano incrostate di polvere e del sangue secco di quell'uomo. Ho visto un bidone pieno d'acqua stagnante, ho infilato le mani dentro e ho iniziato a sfregarle, con ossessione, come se potessi lavare via non solo lo sporco, ma anche quello che avevo fatto. L'acqua è diventata subito rossa.

Ho continuato a sfregare finché non ho avuto più forze. Poi mi sono lasciata crollare a terra. Mi sono rannicchiata sullo zaino di Victor, stringendomi nel suo giubbotto per sentire quell'odore che era l'unica cosa che mi era rimasta di lui. Mi sentivo svuotata, persa. Spacciata. E per la prima volta, ho chiuso gli occhi e ho sperato di non risvegliarmi più.

43
Agustìn

Ci sono ricordi che bruciano più di altri, anche dopo che tutto è finito. Il più nitido è quello del giorno in cui tutto è iniziato a crollare e io ancora non lo sapevo. Carlos era morto, ma il piano a Napoli procedeva. Io stavo aspettando nel patio e mi sentivo onnipotente, un dio che muoveva le sue pedine su una scacchiera perfetta. Tutto era sotto controllo, o quasi.

Poi, dal vialetto, ho visto arrivare Victor. Correva. E un cane che corre così, o sta scappando o sta venendo ad avvisarti che la casa brucia. In entrambi i casi, si preannunciano guai.

È entrato di corsa, senza nemmeno guardare Moreno. Aveva la faccia stravolta, gli occhi pieni di panico. Un'espressione che odio: l'espressione dei deboli che hanno fallito e che vengono a piangere dal padrone.

«Che succede?» gli ho chiesto, con calma. La calma, prima della tempesta, è la cosa che spaventa di più.

Lui non riusciva a parlare. Balbettava, cercava l'aria.

«Allora?» ho insistito.

Ha esitato, poi ha buttato fuori le parole tutte insieme, con un filo di voce.

«Rosa è scappata.»

Ricordo ancora il silenzio che è calato nel patio. "Che offesa" ho pensato. Che insulto alla mia intelligenza, al mio potere. Invece no: quel silenzio era semplicemente il suono della mia fine che si avvicinava.

Per un istante non ho sentito più niente, nemmeno il mare. Solo quelle due parole: «È scappata». Mi è sceso addosso un freddo perfetto e lucido. La rabbia dei re non è una fiammata, è una lastra di ghiaccio. L'incompetenza. La debolezza. Non c'era niente che disprezzassi di più.

Ho tirato fuori la pistola e gliel'ho puntata contro. Lui ha scosso la testa, non parlava, piagnucolava quasi. Patetico. Stavo per sparare. Stavo per pulire il mondo da un altro incapace. Ma poi l'ho guardato bene negli occhi e ho capito. Non era solo paura per aver fallito. Era quel tipo di terrore stupido e disperato che viene solo da una cosa. L'amore.

“Questo coglione si è innamorato” ho pensato. “Che patetico cliché. Il grande lupo, abbattuto da una ragazzina italiana.”

C’è un solo peccato per un vaccaro: perdere il controllo della mandria. Ed è quello che è successo. Ero convinto di averli tutti nel mio recinto, pronti per il marchio, e invece la bestia più giovane e testarda è riuscita a scappare, aiutata dal cane più stupido che abbia mai visto. La mia rabbia non era per la ragazzina, era per me stesso. Per aver sottovalutato la cosa più pericolosa di tutte: la debolezza. L’amore. Adesso il mio piano perfetto aveva una falla che andava chiusa con il sangue.

Ho abbassato la pistola. Ucciderlo adesso sarebbe stato troppo facile. Troppo veloce. No. Avevo trovato qualcosa di meglio. Un modo per punirlo e per risolvere il problema allo stesso tempo. Un modo per trasformare la sua debolezza nella mia arma. Lo avrei costretto a strapparsi il cuore dal petto con le sue stesse mani.

L’ho afferrato per il collo, l’ho tirato a un centimetro dalla mia faccia e ho sentito il suo corpo tremare.

«Allora troviamola» gli ho sussurrato, con un sorriso. «La ucciderai tu stesso.»

Ho visto il terrore puro nei suoi occhi. La consapevolezza della condanna che gli avevo appena dato. Una condanna peggiore della morte.

«Mi hai sentito?»

«Sì, sì!» ha balbettato lui, quasi senza voce.

L'ho lasciato andare, spingendolo via come uno straccio. L'avevo spezzato. Il suo piccolo cuore, la sua stupida lealtà per quella ragazzina... tutto rotto. Adesso era di nuovo mio. Un cane bastonato che avrebbe fatto qualsiasi cosa per il suo padrone.

"Bene" ho pensato. "Adesso andiamo a riprenderci il nostro investimento."

44
Rosa

Mentre correvo, il fiato era un coltello nei polmoni: ogni respiro un taglio. Non pensavo più, ero solo un animale che scappava. Le gambe si muovevano da sole, spinte dalla paura; il porto era un miraggio di ferro arrugginito e di salvezza, ma io lo vedevo, era quasi lì. La voce di papà al telefono, anche se solo per un secondo, mi aveva dato una forza che non credevo di avere. Sapeva che ero viva. Mi stava cercando. Un piccolo sorriso di speranza mi si è acceso sul volto. L'unica salvezza era salire su quella nave. L'unica salvezza era a pochi passi da me.

Ma proprio in quel momento ho sentito il rumore di macchine che arrivavano a tutta velocità: un rombo che mi ha divorato la speranza. Mi sono buttata in un fosso con la faccia nella terra umida e il cuore che mi martellava in gola così forte da farmi male. Erano loro. Ho visto la jeep di Agustìn e altri due pick-up. Ho visto Victor scendere dalla macchina. Anche lui mi stava cercando. Il ragazzo che mi aveva baciata, che mi aveva promesso l'America, adesso era uno dei cani lanciati sulle mie tracce. Il mio cuore si è stretto in una morsa.

Sono rimasta nascosta, senza respirare, finché non si sono allontanati. Poi, veloce come un'ombra, ho attraversato la strada e ho ripreso a camminare guardinga, lungo la via che portava all'ingresso del porto. Erano lì, parcheggiati vicino a un ponticello, a sorvegliare la zona. Mi sono nascosta dietro una fila di camion parcheggiati, avvicinandomi senza farmi vedere. E l'ho visto. Moreno. Parlava al telefono, tranquillo, come se stesse ordinando un caffè.

«No, la ragazza ancora non si è vista. La nave deve ancora cominciare a caricare. Va bene.»

Ha riattaccato e si è rivolto ai suoi uomini.

«Due con me, gli altri rimangono qui. Occhi aperti, la ragazza arriverà qui.»

Due uomini lo hanno seguito verso la nave. Sono stata presa dalla disperazione. Il tempo stava finendo. Dovevo fare qualcosa.

Sono tornata indietro, ho notato un camion parcheggiato un po' più lontano. L'autista era sceso a fumare. Veloce come un gatto, mi sono infilata dietro di lui, ho provato ad aprire il portellone di dietro, ma era chiuso. La disperazione mi ha dato un coraggio folle: ho aperto lo sportello della cabina di guida e mi sono ficcata dentro, rannicchiandomi dietro il sedile del passeggero.

Dopo un tempo che mi è sembrato infinito, l'autista è risalito. Ha messo in moto e il camion è partito, lento, pesante. Siamo passati accanto agli uomini di Agustìn. Lui ha fatto un cenno di saluto. Loro lo hanno lasciato passare. Dentro di me, ho tirato un respiro di sollievo. Ce l'avevo fatta.

Il camionista si è messo gli occhiali da sole, si è guardato nello specchietto, si è sistemato i capelli. Poi, la sua espressione è cambiata. Aveva visto il mio piede.

Ha inchiodato di colpo. Si è girato di scatto e mi ha afferrata per una gamba, tirandomi fuori dal mio nascondiglio con una forza brutale.

«Fermo!» ho gridato.

«Chi sei?» mi ha chiesto in spagnolo.

«Non farmi male... Voglio solo entrare al porto» ho risposto, terrorizzata.

Lui mi ha guardata, sospettoso. Ha guardato nello specchietto, verso gli uomini di Moreno. Ha capito. Ha capito tutto. E io ho capito che mi avrebbe venduta. Ma in testa mi rimbombavano le parole di mio padre, sulla barca di Agustìn, prima che mi portassero via: «Ce la farai, piccirè. Nun te scurdà che sei una Ricci.» Ce l'avrei fatta. Ce la *dovevo* fare. Per lui, prima ancora che per me stessa.

Ho tirato fuori la pistola che avevo preso al vecchio, gliel'ho puntata contro con la mano che tremava.

«Non mi costringere a usarla.»

Lui si è bloccato. Senza staccargli gli occhi di dosso, ho aperto lo sportello del passeggero e sono scesa, piano, cercando di non farmi vedere. Ma appena sono stata fuori dalla sua linea di tiro, quel bastardo ha suonato il clacson. Un suono lungo, disperato, che ha chiamato a raccolta tutti i miei nemici.

Ho iniziato a correre a perdifiato. Ho sentito le urla di Moreno, le macchine che partivano. Poi, veloce come un'ombra, ho attraversato la strada e mi sono infilata dentro un cancello aperto: mi ci sono buttata dentro, senza pensare. Ero finita in un altro mondo. Un deserto di sale bianco, accecante.

Mentre correvo tra i macchinari arrugginiti, ho visto un piccolo aereo passare sopra la mia testa. L'ho guardato per un istante, con un desiderio folle di poter volare via con lui, lontano da quell'inferno. Ma poi li ho visti. Moreno e un altro uomo erano entrati dal cancello. Ho scavalcato un muretto e mi sono persa tra le montagne di sale. La mia fuga era finita. Adesso vivere o morire era solo una questione di tempo.

45
Rosa

Mi sono ritrovata in un posto strano, surreale; un paesaggio che non avevo mai visto. Non era terra, non era roccia. Erano montagne bianche, innaturali e luccicanti, che si stagliavano contro un cielo di un blu così perfetto da sembrare dipinto.

All'improvviso mi è venuto in mente il ricordo di quando ero piccolina e mia mamma mi teneva in braccio e mi faceva contare i colori del tramonto. Erano tanti, non finivano mai. In un lampo è tornata anche l'immagine di quell'ultima sera a Napoli, sul molo, prima di salire sulla barca di Agustìn. Qui invece di colori ce n'erano solo due: il bianco accecante di quelle dune candide e il blu profondo del cielo. Per un attimo, con il cuore in gola, ho pensato che fosse un posto benedetto da Dio, un luogo così puro e surreale da non poter essere cattivo.

In quel deserto bianco e silenzioso l'aria era secca, mi bruciava la gola, sapeva di chimico e di mare morto. E davanti a me c'era un vero e proprio labirinto di pallet di legno e di sacchi enormi. Un posto perfetto per nascondersi.

Ci ho messo un attimo a capire che doveva essere sale. Un deserto di polvere bianca dove non cresceva niente. Altro che benedetto: quello invece era un posto abbandonato da Dio. Un altro... Non potevo sapere, allora, cosa avrei trovato in quel luogo dimenticato da tutti.

Ho sentito le loro voci che entravano nel deposito e riecheggiavano in quel silenzio innaturale. La voce di Agustìn, che dava ordini. Stava parlando di me. Poi ho sentito la voce di Victor, che stava lì con loro a darmi la caccia, e mi ha fatto più male di una coltellata.

Mi sono nascosta dietro una pila di sacchi, rannicchiata, cercando di diventare invisibile. Ero un topo in trappola. Sentivo i loro passi che si avvicinavano, le loro voci che rimbalzavano in quel silenzio polveroso. Vedevo le loro gambe muoversi tra le montagne di sale, sempre più vicine.

Poi, due stivali si sono fermati proprio davanti a me.

Ho alzato lo sguardo, piano, e ho smesso di respirare.

I suoi occhi hanno incontrato i miei.

Per un secondo, un secondo che è durato una vita intera, il mondo si è fermato. Non ho visto il carceriere, non ho visto il nemico. Ho visto il ragazzo della baia, quello del bacio, quello a cui avevo detto il mio primo «Ti amo». Ora nei suoi occhi c'era una rabbia piena di dolore: lo specchio del mio tradimento. La sua bocca si è aperta.

«È qui!» ha urlato.

Quel grido ha spezzato l'ultimo filo che ci legava. Mi aveva venduta. Mi aveva consegnata ad Agustìn. Ho visto lui e Moreno che iniziavano a spostare i pallet, a ribaltare i sacchi per raggiungermi. Ero finita. Ho chiuso gli occhi, aspettando la fine, il colpo, il buio.

E invece è stato allora che ho sentito un rumore diverso. Un rumore più forte di tutto il resto. Il rombo di motori, il frastuono di un cancello che veniva abbattuto. E poi gli spari. Una raffica di mitra, vicinissima, che ha fatto tremare l'aria.

Ho riaperto gli occhi di scatto: nel deposito erano piombate due grandi jeep. E da una di queste, sporto dal finestrino, c'era lui. Papà.

Aveva una mitraglietta in mano e stava sparando all'impazzata contro gli uomini di Agustìn. Indossava una tuta con delle macchie bianche e blu, simili a nuvole su un cielo scuro, e in quel momento, con il sole che brillava su di lui e la polvere di sale che si alzava come nebbia, mi è sembrato che il cielo stesso si fosse strappato per venire a salvarmi. Lui e i suoi uomini erano angeli. Angeli vendicatori che erano venuti a portare l'inferno ai miei nemici.

E io lo sapevo che quello non era solo mio padre. Era un re venuto a riprendersi quello che era suo. Era la furia. Era la salvezza. Era arrivato.

46
Don Salvatore

Il mondo si era ristretto a un unico punto: il cancello di quel maledetto deposito di sale. Ho dato l'ordine a Tony, che era alla guida. Lui ha sorriso e siamo piombati dentro con il SUV, sfondando tutto. La rabbia di un padre è una cosa calda. È un fuoco che ti brucia nelle vene, che ti toglie il sonno. Da quando mi avevano preso Rosa, questo fuoco non mi aveva lasciato manco un secondo.

Ho aperto il fuoco prima ancora che la macchina si fermasse. La mitraglietta nella mia mano sinistra cantava, sputando la mia furia. Vedevo gli uomini di Agustìn cadere come birilli, sorpresi, stupidi. Ma io non guardavo loro. I miei occhi cercavano solo una cosa. Una persona.

E poi l'ho vista.

Rosa.

Era nascosta dietro una pila di sacchi. Per un secondo, il mio cuore ha fatto un solo battito, fortissimo, che ha zittito il rumore della sparatoria. Era lì. Era viva. Un'ondata di sollievo caldo mi ha attraversato, così potente che quasi mi ha tolto le forze. Ma subito dopo ho visto la sua faccia. Era terrorizzata. E il fuoco dentro di me è divampato ancora più forte.

«Rosaaa!» le ho gridato. «Stai giù! Non ti muovere!»

Lei mi ha visto. E poi ho notato una cosa che mi ha gelato e incendiato il sangue allo stesso tempo. Rosa ha tirato fuori una pistola e ha iniziato a sparare anche lei. Mia figlia. La mia bambina. Con una pistola in mano, che combatteva come una di noi. Tutto quello che ho costruito, tutto quello che ho conquistato, io l'ho fatto per loro. Per tenerli al sicuro, per dare ai miei figli una vita che io non ho avuto. Una vita protetta. E adesso guardala. Avevo fallito. Non ero riuscito a rispettare la promessa che facevo tutte le sere rivolgendomi con il pensiero a mia moglie. E quella rabbia, quell'idea di non essere riuscito a garantirle la sicurezza, per un istante mi ha completamente accecato.

E quell'istante è bastato.

Un proiettile mi ha colpito di striscio alla mano sinistra, un dolore acuto, bruciante. Ho imprecato.

«Papà!» ho sentito la sua voce, piena di paura per me.

«Stai giù, è cosa 'e niente!» le ho gridato, mentre mi fasciavo la mano con un pezzo della maglietta. Il dolore non contava niente. Era solo altro combustibile per il mio fuoco.

Mentre ricaricavo, acquattato dietro la jeep, per un istante ho pensato a Tony. L'avevo mandato alla villa, da solo. Moreno era un osso duro. "Ce la starà facendo?" ho pensato. "Starà recuperando i soldi?" Era tutto collegato. Riprendermi Rosa e riprendermi il denaro. Due facce della stessa vittoria. Ma se Tony avesse fallito, una parte del piano sarebbe andata in fumo. "Muoviti, Tony" ho pensato, prima di tornare a sparare.

Poi, con la coda dell'occhio, ho visto Agustìn. Il verme boliviano. Stava cercando di scappare, zoppicando, nascondendosi dietro una macchina. Uno dei miei uomini ha preso la mira per finirlo.

«No...» ho ringhiato. Era mio. Solo mio.

Sono corso verso di lui, con la pistola nella destra. Non sono abituato a sparare con questa mano, sono impacciato. Ho sparato una, due, tre volte, mancandolo. Lui è caduto, colpito a una gamba. In pochi secondi gli sono stato addosso. Ha provato a raggiungere la sua pistola, ma il mio stivale gliel'ha schiacciata sulla mano.

I nostri occhi si sono incontrati. Nei suoi c'era terrore. Nei miei, solo il riflesso delle fiamme che mi divoravano dentro.

«Ti sei messo contro Salvatore Ricci, e mo' l'hai da pavà.»

Ho alzato la pistola e ho assaporato la sua paura per un istante. Poi ho scaricato tutto il caricatore sul suo corpo. Non per ucciderlo. Per cancellarlo. Ogni proiettile era un giorno che mi avevano tolto mia figlia. Ogni colpo era per le sue lacrime, per la sua paura. Ogni sparo era per Ciro, per mia moglie, per tutto quello che avevo perso e che prima o poi, almeno in parte, doveva tornare a me.

Quando ho finito c'era silenzio. La battaglia era finita. Mi sono girato e ho iniziato a camminare verso Rosa: ogni passo era pesante, come se avessi corso per una vita intera. L'avevo salvata. Ma già avevo capito che la ragazza con un giubbotto da uomo addosso e la pistola in mano che stavo per riabbracciare non era più la stessa che mi avevano portato via.

47
Rosa

La sparatoria era finita, ma il rumore mi rimbombava ancora nelle orecchie. C'era odore di polvere da sparo e di sangue, un odore che conoscevo ma che non avevo mai sentito così addosso. Papà aveva ucciso Agustìn. Ero salva. Allora perché mi sentivo così vuota, così sporca, così triste? Il mio sguardo correva tra i corpi a terra, cercando, temendo di trovarlo.

Poi, alle mie spalle, ho sentito un rumore di passi sulla ghiaia salata. Mi sono girata di scatto.

Il mondo ha smesso di girare. Era lì. Victor. Vivo. E mi puntava una pistola contro. Il ragazzo della baia, il ragazzo delle stelle… era diventato un'altra canna di fucile puntata sul mio cuore. Ho alzato la mia pistola, con la mano che tremava.

I suoi occhi erano pieni di un dolore così rabbioso che mi ha tolto il fiato.

«Hai detto che eri innamorata di me, e non era vero niente. Mi hai usato! Mi hai tradito…»

Ogni sua parola era un pugno nello stomaco. Volevo gridare, dirgli che non capiva, che l'avevo fatto per noi, per salvarci. Ma la voce non usciva.

«No Victor, era la verità» sono riuscita a sussurrare.

«Spara. Che aspetti?» mi ha detto, con un disprezzo che mi ha ferita più di un proiettile.

«Io non ti ho mentito» ho ripetuto, cercando i suoi occhi. «Quello che c'è stato tra di noi è tutto vero.»

«Stai zitta! Non è vero.»

Ho fatto un passo verso di lui, con la mia pistola ancora alzata.

«I baci, le carezze che ti ho dato… Era il mio cuore che parlava! Te lo giuro!»

Lui ha scosso la testa, non mi credeva. E ho capito che non avevo altro modo per farglielo capire.

Ho abbassato la pistola. L'ho lasciata cadere lungo il fianco, un gesto di resa totale. Il mio corpo era un bersaglio aperto.

"Ecco il mio cuore" dicevano i miei occhi. "O lo aggiusti, o lo finisci di spaccare. Decidi tu."

«Non ci credi?» ho detto, con la voce rotta. «E allora uccidimi.»

Ho visto la sua mano tremare, la sua confusione. Ho continuato, disperata, cercando di fargli capire.

«Mio padre non accetterà mai il mio amore per te! Saresti sempre stato il mio carceriere, l'uomo di Agustìn...»

Proprio in quel momento, ho sentito la voce di papà che mi chiamava da lontano.

«Rosaaa!»

Istintivamente, ho rialzato la pistola contro Victor. Un riflesso, una bugia per proteggerlo da mio padre. Papà si stava avvicinando, ho visto che voleva sparare a Victor, ma io ero sulla sua linea di tiro.

«Togli quella pistola, Rosellì!»

«Questo è il mio carceriere, papà» ho gridato, recitando la parte della Ricci spietata. «Lo voglio ammazzare io.»

Ho visto l'orgoglio e la compassione negli occhi di mio padre. Lui mi ha guardata, incredulo.

«Non è roba per te, si ancora 'na criatura» mi ha detto con dolcezza.

"Non sono più una bambina" ho pensato. E gliel'ho dimostrato.

«No, papà, aggio già acciso 'n omme stanotte...» ho confessato, con la voce fredda. «Uno che non c'entrava niente. Questo invece adda pavà per quello che ha fatto.»

Nello sguardo di Victor ho visto la conferma definitiva del mio tradimento. In quel momento, uno degli uomini di papà ha gridato che l'aereo era arrivato.

Era il mio momento. L'ultimo. Ho guardato Victor negli occhi un'ultima volta. E poi ho sparato.

Il rumore ha riempito l'aria; io mi sono girata, mi sono avvicinata a papà, tremando dalla testa ai piedi, e lui mi ha abbracciata forte.

«Figlia mia!»

Mi ha accarezzato il viso. «Dobbiamo fare in fretta.»

«Nu momento solo» ho detto.

Sono tornata indietro, con un'urgenza che non capivo nemmeno io. L'aria era vuota, e quel vuoto mi è entrato dentro, più freddo del vento del mare.

«Chi cerchi?» mi ha chiesto papà, la sua voce che mi riportava alla realtà.

"Cerco un pezzo del mio cuore che se n'è andato" avrei voluto rispondere. Invece ho scosso la testa, con una fitta di dolore al petto così forte da togliermi il respiro. Questo silenzio che era rimasto era più rumoroso di tutta la sparatoria.

«Iamme, non c'è tempo da perdere, l'aereo sta arrivando.»

Sono salita sulla jeep con papà, senza guardarmi più indietro. Non potevo. Se l'avessi fatto, sarei crollata. E una Ricci non crolla mai.

48
Rosa

L'aereo era un piccolo mondo di lusso e silenzio che mi portava via da quell'isola maledetta. Fuori dal finestrino c'erano solo le nuvole e l'azzurro del cielo. Papà era seduto poco più in là, parlava al telefono e aveva ancora l'aria tesa, come se mancasse un ultimo pezzo. Ho capito che stava aspettando notizie da Tony, che non era tornato con noi dal deposito. L'ho sentito parlare con la voce dura, impaziente, e poi finalmente la sua faccia si è rilassata; sembrava soddisfatto.

Io mi sentivo al sicuro. Anzi, *ero* al sicuro, almeno fisicamente. Però dentro di me non c'era pace. Ok, ero tornata da papà, stavamo rientrando a casa, però avevo lasciato un pezzo di me su quella scogliera.

Ho chiuso gli occhi e sono tornata lì.

Mi salivano i brividi, mentre rivedevo la scena di pochi minuti prima. Victor era davanti a me. La pistola che gli puntavo contro tremava. Lui mi guardava, non più con rabbia, ma con una disperazione infinita.

«Dovevamo andare in America, ricordi?» mi ha detto, con la voce rotta.

«Non saremmo mai stati liberi» ho risposto, e ogni parola era una pietra. Era la verità più crudele, e faceva male a me quanto a lui. Io sarò sempre una Ricci. E lui, per mio padre, sarebbe sempre stato il carceriere, il nemico. Tra di noi c'era un'ombra che neanche quel sole potente poteva cancellare.

«Tu però sei ancora in tempo» ho continuato, cercando i suoi occhi. «Vai, voglio che tu sia felice.»

Lui ha scosso la testa, forse per dirmi che non poteva accettarlo. Come potevo chiedergli di essere felice, dopo tutto quello?

Ma dovevo farlo. Dovevo lasciarlo andare. Dovevo salvarlo.

Mi sono avvicinata e l'ho baciato. Un ultimo bacio che sapeva di sale, di polvere da sparo e di addio. Ci ho messo tutta me stessa in quel bacio, tutto quello che non potevo dire. Poi mi sono staccata, ho fatto un passo indietro, ho alzato la pistola verso il cielo e, senza guardarlo più, ho sparato. Un colpo secco, per mio padre. Per la mia bugia.

E me ne sono andata, lasciandolo lì, senza voltarmi.

Quando ho riaperto gli occhi ero ancora sull'aereo. Papà aveva finito di parlare al telefono e si era seduto accanto a me. Mi ha preso la mano. La sua era calda, forte.

«Non mi sembra vero che stai 'cca» ha detto, con la voce piena di emozione. «Ho avuto paura che non ce l'avrei fatta a riportarti a casa.»

L'ho guardato e gli ho sorriso: la migliore recita della mia vita.

«Io invece lo sapevo. Ti sognavo che mi venivi a salvare...»

Lui mi ha baciata sulla fronte, mi ha accarezzata. Mi voleva bene, a modo suo. Ma non avrebbe mai capito. Non avrebbe mai saputo che per tornare da lui avevo dovuto rinunciare all'unica persona che mi aveva vista per davvero.

Mi sono girata di nuovo verso il finestrino. Guardavo il mare, là sotto. Sapevo che su quel mare c'era una nave merci che andava in America. E su quella nave c'era lui. Non potevo vederlo, era solo un puntino lontano, eppure sentivo ancora i suoi occhi su di me. Mi sono sfiorata le labbra con le dita. Il suo bacio era ancora lì. Un bacio che era stato una promessa, e che adesso era solo un ricordo che sarebbe rimasto con me per sempre.

Epilogo
Rosa

È passato tanto tempo, da quei giorni. Ora sono tornata a Napoli, a casa mia, nella mia stanza, ma niente è più come prima. Soprattutto io. A volte mi guardo allo specchio e non mi riconosco. Vedo una ragazza con gli occhi più vecchi, più duri. Una ragazza vestita di nero, che non piange più. Mi trucco con cura, con una matita che mi indurisce lo sguardo, con un rossetto scuro che mi disegna una bocca che non sorride. Ma non lo faccio per essere bella; quella è la mia armatura per non far vedere a nessuno le crepe che ho dentro. Le stesse crepe dove Victor è riuscito a entrare senza chiedermi il permesso, e non è uscito più.

Stanotte di nuovo ho sognato New York. E pure questa volta, non ero sola. Quasi sempre ormai, mentre cammino per le strade piene di luci e di gente che non conosco, mi giro e lo vedo. Victor sta lì, dall'altra parte della strada. Ci guardiamo, e per un attimo il rumore della città scompare. Poi lui mi rivolge un sorriso triste, si perde di nuovo tra la folla e io mi sveglio, con il sapore del suo bacio ancora sulle labbra e la certezza che ci sono prigioni da cui non si scappa mai davvero.

Con una velina tampono la lacrima che ha avuto il coraggio di affacciarsi, altrimenti rovinerebbe tutto il trucco che ho appena fatto, quando si apre la porta della mia camera.

«Papà!» gli dico, sorpresa e un po' infastidita. Quella stanza è diventata il mio unico posto sicuro, il mio guscio.

Però poi lo guardo bene in faccia e vedo il suo dolore. Il suo viso è straziato, devastato. Non è più il re di Napoli, solo un uomo distrutto.

«Che è successo?» gli chiedo, e la mia voce si fa più piccola.

Lui rimane impietrito sulla porta, con lo sguardo perso. Mi pare che manco mi sta vedendo, in questo momento.

«Papà? Che è successo?»

Lui si scuote, mi guarda. I suoi occhi sono pieni di una tristezza che non gli ho mai visto.

«Rosa!»

Aspetto, con il cuore che smette di battere.

«Ciro...»

«Ciro cosa?» chiedo, ma lo so già. Lo sento già.

Lui mi stringe forte a sé per proteggermi da quello che sta per dire.

«L'hanno acciso... rint' 'o carcere...»

Mi stacco subito da lui. Il dolore arriva sotto la forma di un'onda nera che colpisce il punto esatto in cui mi ero già rotta sull'isola, allargando quella crepa fino a mandarmi in mille pezzi. Non piango. Sento solo i frammenti della vecchia Rosa, quella che amava i tramonti e si fidava dei baci, che cadono dentro di me. Al loro posto rimane solo il silenzio, e i bordi taglienti della mia rabbia: pezzi di vetro pronti a ferire.

«Chi è stato?» chiedo, e la mia voce è calma, affilata come una lama.

Lui mi guarda, sorpreso da questa mia reazione.

«Carmine Di Salvo.»

Carmine Di Salvo. Quel nome adesso è un bersaglio. Gli occhi mi diventano di fuoco. Il dolore, la sofferenza, tutto si trasforma in una determinazione cupa, in una lucidità spaventosa. In uno scopo.

Vado al molo dell'IPM. Indosso un giubbotto di pelle, una minigonna nera, gli stivali: la mia nuova divisa. Ho in mano un fiore, uno solo. Arrivo davanti a quel cancello maledetto dove tutto è iniziato e lascio il fiore lì, appoggiato al ferro freddo. Un saluto a mio fratello e alla bambina che sono stata.

Alzo gli occhi verso quel mostro di cemento. I miei occhi, adesso, sono gli occhi della vendetta.

"Piècuro" penso, e la mia voce interiore è un giuramento di sangue. "Io t'accido con le mani mie."

Indice

Finito di stampare nel mese di settembre 2025
per conto di RCS MediaGroup S.p.A.,
da Rotolito S.p.A., Via Sondrio, 3, Pioltello (Milano)
Printed in Italy